JESUS

e a

CIDADANIA DO ESPÍRITO

PAIVA NETTO

JESUS
e a
CIDADANIA DO ESPÍRITO

ELEVAÇÃO

Produção editorial: *Equipe Elevação*
Revisão: *Equipe Elevação*
Impressão: *Mundial Gráfica*
Capa: *Alziro Braga*
Imagem da capa: *Afresco "Jesus curando" (século 19), na Igreja de Joriskerk, de Antuérpia, Bélgica.*
Projeto gráfico e diagramação: *Helen Winkler*

A 1ª edição desta obra foi lançada em 2001 sob o título *Cidadania do Espírito*, agora revista e ampliada pelo autor.

Depósito legal na Biblioteca Nacional conforme
Decreto nº 1.825, de 20 de dezembro de 1907.

Dados Internacionais de Catalogação na Publicação (CIP)
(Câmara Brasileira do Livro, SP, Brasil)

P149j
Jesus e a Cidadania do Espírito / José de Paiva Netto. – 1. ed. –
São Paulo : Editora Elevação, 2019.
400 p. : 15,5 x 23 cm

ISBN 978-85-7513-247-0

1. **Quarta Revelação**. 2. Espiritualidade. 3. Jesus Cristo.
4. Cidadania. 5. Amor. 6. Paz. 7. Justiça. I. Título.

CDD-242

Índices para catálogo sistemático:

1. Literatura prática : Cristianismo 242
2. Literatura devocional : Cristianismo 242

Av. Marquês de São Vicente, 446, cj. 1.713
CEP 01139-000 — São Paulo/SP — Brasil
Tel.: (11) 5505-2579

Sumário

Tratado do Novo Mandamento de Jesus

A Espiritualmente Revolucionária Ordem Suprema do Divino Mestre representa o diferencial da Religião de Deus, do Cristo e do Espírito Santo[1] e é a base de todas as suas ações de promoção espiritual, social e humana, pela força do Amor Fraterno, por Ele trazido ao mundo.

Ensinou Jesus, o Cristo Ecumênico, o Divino Estadista: "13:34 *Novo Mandamento vos dou: amai-vos como Eu vos amei.* 13:35 *Somente assim podereis ser reconhecidos como meus discípulos, se tiverdes o mesmo Amor uns pelos outros.*

15:7 *Se permanecerdes em mim e as minhas palavras em vós permanecerem, pedi o que quiserdes, e vos será concedido.* 15:8 *A glória de meu Pai está em que deis muito fruto; e assim sereis meus discípulos.*

15:10 *Se guardardes os meus mandamentos, permanecereis no meu Amor; assim como tenho guardado os mandamentos de meu Pai e permaneço no Seu Amor.*

*15:11 Tenho-vos dito estas coisas a fim de que a minha
alegria esteja em vós e a vossa alegria seja completa.*
*15:12 O meu Mandamento é este: que vos ameis como Eu
vos tenho amado. 15:13 Não há maior Amor do que doar a
própria vida pelos seus amigos. 15:14 E vós sereis meus ami-
gos se fizerdes o que Eu vos mando. 15:17 E Eu vos mando
isto: amai-vos como Eu vos amei.*
*15:15 Já não mais vos chamo servos, porque o servo não
sabe o que faz o seu senhor; mas tenho-vos chamado
amigos, porque tudo quanto aprendi com meu Pai vos
tenho dado a conhecer.*
*15:16 Não fostes vós que me escolhestes; pelo contrário,
fui Eu que vos escolhi e vos designei para que vades e deis
bons frutos, de modo que o vosso fruto permaneça, a fim
de que tudo quanto pedirdes ao Pai em meu nome Ele vos
conceda.*
*15:17 E isto Eu vos mando: que vos ameis como Eu vos
tenho amado. 15:9 Porquanto, da mesma forma como o
Pai me ama, Eu também vos amo. Permanecei no meu
Amor".*

(Tratado do Novo Mandamento de Jesus[2], reunido por Paiva Netto, consoante o Evangelho do Cristo de Deus, segundo João, 13:34 e 35; e 15:7, 8, 10 a 17 e 9.)

[1] **Religião de Deus, do Cristo e do Espírito Santo** — Nesta e em outras obras literárias da Quarta Revelação, o leitor vai se deparar com as denominações Legião da Boa Vontade (LBV) e Religião de Deus, do Cristo e do Espírito Santo, criadas pelo saudoso Alziro Zarur (1914-1979), que se irmanam na lide *"por um Brasil melhor e por uma humanidade mais feliz"*. São elas duas instituições irrestritamente ecumênicas, unidas para atender, de forma integral, às carências fundamentais do ser humano e do seu Espírito Eterno, transformando-o sem paternalismos, a fim de que ele possa assumir na sociedade o seu papel de protagonista na solução dos problemas existentes. Agem assim para que a criatura humana se realize por meio dos poderosos ensinamentos do Espírito (Religião de Deus, do Cristo e do Espírito Santo) e da dinâmica ação de reforma humana e social (Legião da Boa Vontade), decorrência natural de nossa integração nos preceitos divinos. Disse Jesus: *"Buscai primeiramente o Reino de Deus e Sua Justiça, e todas as coisas materiais* [portanto, humanas e sociais] *vos serão acrescentadas"* (Evangelho do Cristo, segundo Mateus, 6:33). Da convergência dessas ações — a espiritual e a humano-social — nasce a Política de Deus, para o Espírito Eterno do ser humano. A Religião de Deus, do Cristo e do Espírito Santo também é conhecida como Religião do Terceiro Milênio, Religião do Amor Universal e Religião Divina.

[2] **Tratado do Novo Mandamento de Jesus** — Pela força espiritual contida nessas palavras do Cristo de Deus, Paiva Netto fez constar a leitura desse Tratado na abertura de todos os programas da Super Rede Boa Vontade de Comunicação (rádio, TV, internet e publicações), assim como nas reuniões públicas da Religião do Terceiro Milênio, atendendo também a um pedido dos Irmãos Espirituais na Revolução Mundial dos Espíritos de Luz, na Quarta Revelação, representados pelo Irmão dr. Bezerra de Menezes (Espírito).

O Mistério de Deus revelado

O Mistério de Deus por Jesus Cristo
revelado é o Amor[1].

Do autor

---

[1] Esse pensamento de Paiva Netto é o último verso de sua música intitulada *O Novo Mandamento de Jesus*, movimento final do Oratório "O Mistério de Deus Revelado", cuja gravação foi feita, em 1998, pelo National Philharmonic Choir "Svetoslav Obretenov" e pela Sofia Symphony Orchestra, da Bulgária, sob a regência do maestro **Ricardo Averbach**. O Oratório superou a marca de 500 mil cópias vendidas, conquistando Disco de Platina Duplo. Em 5 de abril de 2000, teve a sua primeira audição mundial em inglês quando o Coral Ecumênico Boa Vontade se apresentou na sede da Organização das Nações Unidas (ONU) em Nova York, EUA.

Permanente presença de Jesus

Tudo fica para trás. Jesus, o Cristo Ecumênico e Divino Estadista, permanece! Ele disse: *"Passará o Céu, passará a Terra, mas as minhas palavras não passarão"* (Evangelho, segundo Lucas, 21:33).

Do autor

O parecer de Gamaliel

"Se esta obra é de homens, não triunfará. Mas, se é de Deus, não a combatais, pois estareis combatendo o próprio Deus."

Gamaliel
(Atos dos Apóstolos de Jesus, 5:38 e 39)

Perante o sinédrio

"Respondendo Pedro e João aos sinedritas, disseram: 'Não podemos deixar de falar daquilo que vimos e ouvimos. Importa antes agradar a Deus que aos homens'."

(Atos dos Apóstolos de Jesus, 4:19 e 20; e 5:29)

Deus avisa antes

"Certamente o Senhor Deus não fará coisa alguma, sem primeiro revelar o Seu segredo aos Seus servos, os Profetas."

(Profeta Amós, 3:7)

Apresentação

Século 21. Terceiro milênio. Entre progressos, estagnações e retrocessos, entre certezas e dúvidas, o ser humano parece permanentemente em busca de seu lugar no Cosmos. Qual a sua destinação neste pequeno planeta chamado Terra, que integra um sistema solar na Via Láctea, em meio a inumeráveis galáxias e corpos celestes desse imenso espaço sideral até agora conhecido? E qual o propósito dos infinitos pormenores da vida? Por exemplo, sorrir ao receber o abraço dos seus filhos após um dia frustrante; chorar ao se despedir de um familiar muito amado que faleceu; controlar a ansiedade diante do resultado de uma prova, ou de um diagnóstico médico, ou ainda de uma entrevista naquele emprego tão almejado... Haverá algo que reja os acontecimentos em suas minúcias, do micro ao macrocosmo, bem como as implicações das escolhas que tomamos — algumas ponderadas, outras desmedidas?

Vivemos em uma sociedade global multifacetada, plural, repleta de diversidade e, ao mesmo tempo, estamos sujeitos aos códigos morais, éticos e legais das nossas localidades, em constante evolução. Cumprimos deveres e usufruímos de direitos — uma definição básica de cidadão. Entretanto, existiria um arcabouço normativo, na forma de leis, tratados, regras, costumes ou talvez uma Constituição Universal à qual, consciente ou inconscientemente, estaríamos todos submetidos? Porventura, tal Carta Magna versaria sobre aquilo que em essência nos constitui? Teria jurisdição sobre o que transcende os átomos e está para além de todo o seu espaço vazio? Poderíamos pensar em algum elemento de ligação entre os habitantes deste mundo, um fator que conectasse desde a sociedade altamente tecnológica de Seul, na Coreia do Sul, passando pelo povo Awá, que vive isolado no interior da Floresta Amazônica, até o morador daquela estrela distante a anos-luz daqui, com a qual um dia nossos telescópios haverão de se esbarrar?

Nesta singular obra, eis que o radialista, jornalista e escritor Paiva Netto, inspirado em Jesus, o Cristo Ecumênico, o Divino Estadista, propõe avançarmos nessas reflexões e convida-nos a adotar nova-antiga pedra angular em busca de respostas: a do Espírito Eterno. No entanto, não mais visto como um exercício abstrato do raciocínio humano, e sim como a realidade concreta que a tudo compreende e dá sentido. A premissa fundamental para isso está no avançadíssimo diálogo do Rabi da Galileia — para espanto de muitos

— com uma mulher samaritana, ao lado do poço de Jacó, quando Ele assim exclamou:

— *Deus é Espírito, e importa que, como tal, seja adorado, em Espírito e Verdade* (Evangelho, segundo João, 4:24).

E também, no Gênesis Mosaico (1:27), outra vital revelação:

— *Criou Deus, pois, o homem à Sua imagem e semelhança, à imagem e semelhança de Deus o criou; homem e mulher os criou.*

Em sua palestra fraterna para as crianças da Legião da Boa Vontade e da Religião de Deus, do Cristo e do Espírito Santo, durante o 8º Fórum Internacional dos Soldadinhos de Deus, da LBV, em 25 de março de 2011, transmitido via satélite para o Brasil e o exterior, Paiva Netto apresentou uma palavra atualíssima para a humanidade, que, em muitos aspectos, ainda frequenta o jardim de infância no que tange às questões etéreas:

Que somos nós? Espírito, acima de tudo Espírito, transitoriamente corpo! Então, é a partir daí que temos de raciocinar. Por isso, a minha preocupação em falar-lhes tanto da Cidadania do Espírito. Porque, se não soubermos a nossa origem, todos os nossos atos poderão ser equivocados. E vão desabar em cima de erro sobre erros.

Que tal espiritualmente avaliarmos as situações para iniciarmos novos passos com acerto? Com esse conhecimento podemos realizar mudanças como nunca ocorreram antes. Se somos, em primeiro lugar, Espírito, dirigidos achamo-nos consequentemente por leis que estão acima das mais expressivas construções jurídicas do planeta Terra. Por quê?! O Código Hamurabi, o Direito Romano, a reforma do Código Civil, feita por Napoleão Bonaparte (1769-1821), entre outros, são de suprema valia. Mas limitam-se ao saber terreno. E nós, antes de cidadãos dos países, somos Cidadãos Celestes. Temos que partir do Espírito, que é eterno. Portanto, averiguar de que modo ele funciona.

Por isso, prezada leitora, caro leitor, você encontrará nestas páginas reflexões e pensamentos proferidos pelo autor, de improviso, em programas de rádio, televisão, internet, em conferências e discursos em que sempre interage com a plateia, ou mesmo em livros, artigos publicados em jornais, revistas e ensaios, desde os anos 1960. São alguns escritos resultantes de estudos e análises do Santo Evangelho-Apocalipse de Jesus, que sempre embasou sua longeva trajetória na Seara da Boa Vontade de Deus, refletindo assim a experiência de mais de seis décadas dedicadas ao amparo do povo, em suas carências espirituais e materiais mais prementes. Neste riquíssimo trabalho da Quarta Revelação, em que foram reunidos extratos da vasta produção espiritual-filosófico-pragmática do autor e organizados por grandes temas, você será levado a se identificar com aquilo que lhe é mais caro, que comove o recôndito de sua Alma, pois o coloca em direta sintonia com a força criadora de tudo o que existiu, existe e existirá, reconhecendo e despertando em si um Cidadão do Espírito, com potencial e recursos ilimitados. Ocorre, com isso, uma inversão de polaridade dos fundamentos materiais que hoje imperam na sociedade e infelizmente têm conduzido destinos de nações inteiras, mas que, aos poucos, começam a ruir: aquilo que antes era sólido, tal qual um castelo de areia, dissolve-se pelo inevitável vento das transformações, ao passo que o Espírito Eterno se firma como o alicerce seguro de novos tempos para a humanidade, tão necessários, tão urgentes. Portanto, façamos nós parte da Cidadania do Espírito, sob as bênçãos de Jesus Ecumênico.

Boa leitura!

Os editores

PREFÁCIO DO AUTOR

Elos de Sabedoria Planetária

Ainda tenho outras ovelhas que não são deste aprisco; a mim me convém conduzi-las. Elas ouvirão a minha voz. Então, haverá um só Rebanho para um só Pastor.
(Santo Evangelho de Jesus, consoante João, 10:16)

Nessas palavras repletas de Espírito e Verdade encontramos a fraterna profecia da formação do Rebanho Ecumênico de Jesus. Seu cumprimento está registrado no último livro da Bíblia Sagrada — o Apocalipse do Cristo, 7:9:

> *— Depois destas coisas, olhei, e eis **grande multidão que ninguém podia enumerar, de todas as nações, tribos, povos e línguas** (...).*

Eis a primordial meta a ser alcançada, pois o estado real do mundo infelizmente é, sob diversos aspectos, ainda este:

— *Mesmo que seja certa a proposta de alguém, se não vier da minha crença religiosa, ideologia, partido político, corrente científica, time de futebol, escola de samba, não interessa.*

A solução que propomos para tamanho absurdo é o **Ecumenismo**, do qual tanto lhes falo nas inúmeras publicações da Quarta Revelação — a Religião do Amor Universal — ou pela mídia eletrônica, destacando-se a internet. Eis por que **o Ecumenismo, como o vejo, é a condição natural e o querer espontâneo de toda criatura quando, de corpo e Alma, integrada ao espírito da Paz de Deus**, conforme grafei em *Reflexões da Alma* (2003).

Exemplificando que **a Boa Vontade é o elo de sapiência que nos une** como seres espirituais e terrenos, porque **a vida na Terra começa no Céu**, exponho nos meus escritos e palestras a visão de tanta gente dos incontáveis redis religiosos, políticos, científicos, filosóficos, artísticos e, universalizando, do pensamento criador. Porquanto existe um fio de **Ariadne**[1] que, se

[1] **O fio de Ariadne e o Minotauro** — O escritor Paiva Netto sintetiza essa história na obra *Somos todos Profetas* (1991): De acordo com a mitologia grega, Ariadne era filha de **Minos**, rei de Creta, um governante cruel que, tendo subjugado Atenas pela força, exigia anualmente o envio de sete rapazes e sete moças atenienses para serem oferecidos em sacrifício ao Minotauro. Esse monstro mítico tinha cabeça de touro e corpo de homem e era mantido pelo tirano em um labirinto tão complexo, que dele ninguém podia escapar. Conta a lenda que um jovem herói ateniense chamado **Teseu**, filho do

fielmente observado, nos livra da terrível escuridão da caverna do insaciável **Minotauro**, da Ilha de Creta da submissão e do sacrifício humano, conduzindo-nos até à claridade que nos liberta do cativeiro da ignorância que, de uma forma ou de outra, nos oprime a todos. Esse fio de Ariadne é o **Novo Mandamento de Jesus**, a respeito do qual eu já afirmei ser **o fio milagroso que une as partes anacronicamente separadas do organismo sociedade. Alziro Zarur** (1914-1979)[2], saudoso fundador da Legião da Boa Vontade,

---

monarca **Egeu** e de **Etra**, princesa de Trezena, juntou-se àqueles que iam ser sacrificados a fim de matar o Minotauro e salvar os companheiros. Estando Teseu em Creta, Ariadne apaixonou-se por ele e deu-lhe um novelo de linha para que o fosse desenrolando ao entrar no labirinto e pudesse achar, depois, o caminho de volta. Teseu matou o Minotauro e fugiu de Creta, levando a princesa, mas abandonou-a na ilha de Naxos, onde ela, mais tarde, veio a se casar com **Dionísio**, o deus do vinho na mitologia grega.

[2] **Alziro Zarur (1914-1979)** — Nasceu na cidade do Rio de Janeiro/RJ, Brasil, no Natal de Jesus de 1914. Jornalista, radialista, escritor, poeta, filósofo e grande pregador da Palavra de Deus, fundou a Legião da Boa Vontade (LBV), em 1º de janeiro (Dia da Paz e da Confraternização Universal) de 1950, e brilhantemente a presidiu até a sua passagem para o Plano Espiritual, em 21 de outubro de 1979. Em 7 de setembro de 1959, Zarur realizou a Proclamação do Novo Mandamento de Jesus, em Campinas/SP, Brasil, no antigo Hipódromo do Bonfim — hoje Praça Legião da Boa Vontade —, que, na época, era o espaço público mais amplo que por lá existia, capaz de receber a multidão que fora ouvi-lo. Carismático e polêmico, de forma popular e inovadora pregava, com muito entusiasmo, o Evangelho e o Apocalipse de Jesus, mas não *"ao pé da letra que mata"* (Segunda Epístola de Paulo aos Coríntios, 3:6), e sim em Espírito e Verdade, à luz do Novo Mandamento do Cristo Ecumênico, o Divino Estadista (Evangelho, segundo João, 13:34 e 35). Criou e presidiu a pioneira Cruzada de Religiões Irmanadas, cuja primeira edição oficialmente ocorreu em 7 de janeiro de 1950, no salão do Conselho da Associação Brasileira de Imprensa (ABI), na capital fluminense, após su-

→

o definiu como o ***"Denominador Comum"***, em que é possível a todas as pessoas confraternizarem.

Concordo com **Vinicius de Moraes** (1913-1980), o inesquecível poetinha — como ficou conhecido o parceiro de outro gênio da Bossa Nova, **Tom Jobim** (1927-1994) —, que, com sua peculiar inspiração, versejou:

> — *Você é, ao mesmo tempo, um coração que bate e um único batimento nesse corpo chamado humanidade.*

E esses nossos Irmãos em humanidade, quando trazem em si e nos seus escritos um extenso cabedal de expressões em que todos podemos, com um mínimo de Boa Vontade, nos encontrar, demonstram, assim, que **o Ecumenismo é verdadeiramente poderoso instrumento de Paz num planeta em que qualquer diletante promove a guerra.**

Quem deseja se libertar das manipulações do avidíssimo mercado bélico deve revestir-se do espírito que inspirou o corajoso Águia de Haia, **Rui Barbosa** (1849-1923), quando disse:

→ cessivas reuniões preparatórias realizadas nos meses de outubro, novembro e dezembro de 1949, na sala da diretoria daquela prestigiada Associação. Com esse feito, Zarur antecipou-se ao que mais tarde viria a ser chamado de relacionamento inter-religioso. Em 7 de outubro de 1973, proclamou a Religião de Deus, do Cristo e do Espírito Santo, em Maringá/PR, Brasil.

— *Se queres a Paz, prepara-te para a Paz.*

É evidente, pois, a necessidade de se derrubar a antiga bastilha do:

— *Si vis pacem, para bellum (Se queres a Paz, prepara-te para a guerra),*

erguida desde os tempos cruéis do Império Romano.

Mas à frente segue Jesus, que nos enche o coração de esperança:

— ***Minha Paz vos deixo, minha Paz vos dou. Eu não vos dou a paz do mundo. Eu vos dou a Paz de Deus, que o mundo não vos pode dar. Não se turbe o vosso coração nem se arreceie, porque Eu estarei convosco, todos os dias, até o fim do mundo!*** (Boa Nova[3], segundo **João**, 14:27; e **Mateus**, 28:20)

A vivência dessa Paz legítima será o existir natural para o Cidadão do Espírito. Como escrevi em *Jesus, o Profeta Divino* (2011), o Sábio dos Milênios a todos oferece o ingresso sem tardança a essa fase nova:

---

[3] **Boa Nova de Jesus** — Evangelho significa Boa Nova, Boa Notícia.

Cidadania do Espírito – uma visão profética de Jesus, por intermédio de João

O que é a treva senão o obscurantismo? Trata-se da pior ignorância. Dela apenas se pode esperar violência e toda a sorte de dor. Ela é primacialmente resultante da falta do saber fundamental, que vem do Espírito iluminado, porque **a cidadania, na realidade, começa no Mundo Invisível**. No entanto, quando os governantes das nações compreenderão isso? **O governo da Terra tem início no Céu** — um dia, o ser humano, em seu próprio benefício, aprenderá essa máxima. Desconhecer a Verdade infinita é sofrer as consequências do pensamento desgovernado[4].

Observem que esplêndida visão profética do Cristo, constante de Seu Apocalipse, 1:4 a 6:

Dedicatória às Sete Igrejas da Ásia

4 João, às Sete Igrejas que se encontram na Ásia: Graça e paz a vós outros, da parte Daquele que é, que era e que há de vir, da parte dos Sete Espíritos que se acham diante do Seu trono,

5 ***e da parte de Jesus Cristo****, a Fiel Testemunha, o Primogênito dos mortos e o Soberano dos reis da*

---

4 **Pensamento desgovernado** — Pensamento sem qualquer disciplina ética, cujo bom senso protegeria a criatura humana de incontáveis equívocos com prejuízos à sua saúde espiritual e material. Outras explicações no segundo volume das *Sagradas Diretrizes Espirituais da Religião de Deus, do Cristo e do Espírito Santo* (1990) e no livro *A Missão dos Setenta e o "lobo invisível"* (2018).

Terra. ***Àquele que nos ama, e, pelo Seu sangue, nos libertou*** *dos nossos pecados,*

6 ***e nos constituiu reino, sacerdotes para o Seu Deus e Pai,*** *a Ele a glória e o domínio pelos séculos dos séculos. Amém!*

Por muito nos amar, conforme grafado no versículo quinto, Ele se sacrificou por nós. E, pelo Seu sangue, isto é, pelos exemplos inauditos de perseverança em Deus, o Senhor da Paz legou-nos ensinamentos transformadores e nos libertou dos nossos pecados, que nada mais são do que o desconhecimento das Leis Divinas. Fez descer à Terra o banho lustral das Lições Excelsas, Cósmicas, **origem da Cidadania do Espírito**. A tantos quantos buscam mitigar a sede na Inesgotável Fonte disposta a todos pelo Sublime Provedor, **Ele concede o direito de acesso à Cidadania Espiritual**.

Contudo, somente à medida que nos livramos da ignorância das Normas Eternas, constituímos reino (por conseguinte, Autoridade Espiritual) e sacerdotes (isto é, virtude religiosa) para *"Seu Deus e Pai"*. Logo, não para um poder fugaz, uma religiosidade efêmera, uma cidadania que será depreciada com a passagem dos séculos.

João e os Espíritos de Deus ainda exclamam no versículo 6:

— *a Ele a glória e o domínio pelos séculos dos séculos. Amém!*

E chegamos ao versículo sétimo do capítulo primeiro do Apocalipse do Cristo. É extraordinário! Conforta nossas Almas, porque anuncia a Volta Triunfal do nosso verdadeiro, inestimável Amigo Jesus:

> — *Eis que Jesus vem com as nuvens, e todos os olhos O contemplarão, até mesmo os olhos daqueles que O crucificaram. E todas as nações da Terra se lamentarão sobre Ele. Certamente. Amém!* (Apocalipse, 1:7)

Graças a Deus! Trata-se da consolidação definitiva da Sociedade Solidária Altruística Ecumênica, a Cidadania Espiritual plena.

Diante disso, todos nós, Cidadãos do Espírito, cônscios do nosso papel nos Universos, clamamos: **Ora vem, Senhor Jesus!**

Cristo, o Consolador | 1875 | Carl Bloch (1834-1890) | Óleo sobre tela | 251 x 170 cm | Altar da Igreja de Landskrona, Suécia

A CIDADANIA ETERNA

Os mortos não morrem!

"Deus é Deus de vivos, não de mortos. Por não crerdes nisto, andais muito enganados. (...) Meu Pai não cessa de trabalhar, e Eu com Ele."
(Evangelho de Jesus, segundo Mateus, 22:32; Marcos, 12:27; Lucas, 20:38; e João, 5:17)

A verdadeira cidadania possui origem no Céu

Geralmente, os povos e suas pátrias têm sido hábeis na **capacidade de subsistir**, a despeito da falta de instrução, **da descaridade**, da fome, da peste ou da guerra. E isso ocorre por força do Espírito Imortal que habita cada uma de suas cidadãs e cada um de seus cidadãos, tenham ou não consciência dessa realidade. **É fundamental compreendermos que a verdadeira cidadania possui origem no Céu**, de onde realmente viemos, pois **há Vida antes da vida.**

Revela-nos o Santo Evangelho de Jesus, segundo João, 1:1 a 5:

> — *No princípio era o Verbo, e o Verbo estava com Deus, e o Verbo era Deus. Ele estava no princípio com Deus.* ***Todas as coisas foram feitas por Ele, e nada do que se fez foi feito sem Ele: Cristo Jesus. A vida estava Nele, e a vida era a luz dos homens.*** *A luz resplandece nas trevas, e as trevas não prevaleceram contra ela.*

Tal princípio divino se reflete na preocupação e no respeito que as tradições espirituais têm para com a existência celeste, que antecede e se sobrepõe à matéria. O filósofo **Lao-tsé** (aprox. 570-490 a.C.) esclarece-nos:

> — *Nas profundezas do Insondável jaz o Ser. Antes que céu e terra existissem, já existia o Ser. Imóvel, sem forma, o Vácuo, o Nada, berço de todos os Possíveis. Para além de palavra e pensamento está Tao* [Caminho], *origem sem nome nem forma, a Grandeza, a Fonte eternamente borbulhante, o ciclo do Ser e do Existir.*
>
> (Tao Te Ching, 25)

Portanto, dessas *"profundezas do Insondável"* surgimos nós e para lá, um dia, retornaremos. É indispensável, por isso mesmo, recorrermos, **pela Prece elevada**, à Sabedoria Plena que vem do Mundo (ainda) Invisível para guiar nossas ações. Para o que é urgente assimilarmos **o princípio básico de Fraternidade que devemos ter para com o nosso próximo**. Do contrário, poderemos acabar enquadrados nesta admoestação do sábio chinês **Confúcio** (551-479 a.C.), contemporâneo de Lao-tsé:

> — *Se não somos capazes de servir ao ser humano, como podemos servir aos Seres Espirituais?*
>
> (Analectos, 11:12)

Do que se infere, vale o reforço: **para se manter o contato superior com o Mundo Espiritual, necessário se faz, por espírito de Solidariedade, servir às criaturas terrestres. E disse mais o filósofo**:

> — *Quem ofende o Céu já não tem a quem orar.*
> (Analectos, 3:13)

O que determina a direção dos nossos passos é o destino que escolhemos seguir. **Somos aquilo que manifestamos ao mundo**, exteriorizando o que há em nosso íntimo.

O Terceiro Guia Espiritual Coadjuvante da Oomoto — religião de origem japonesa com base no Xintoísmo, firmada em preceitos universalistas —, **Hidemaru Deguchi** (1897-1991), em seu livro *Onde o Pensamento — aí o Mundo*, traz importante reflexão:

> — *Quando pensamos, algo se cria; o que se cria adere-se a nós. Logo, é apenas cada coração que faz surgir ora o inferno, ora o paraíso.*

Por isso, **é primordial vigiarmos nossas atitudes para que elas estejam sempre no caminho do Bem, a fim de criarmos o mérito indispensável para sentir nossa consciência espiritual em Paz.**

Sobre a relação direta entre as ações que semeamos nesta vida e o que colheremos na vindoura — porque a morte não é o fim —, trazemos a palavra do imam **Ali ibn Abi Talib** (aprox. 600-661). Ele foi político, militar e principal conselheiro espiritual dos califas nomeados após a morte do Profeta **Muhammad** (570-632) — *"Que a Paz e as Bênçãos de Deus estejam sobre ele!"* —, seu primo e genro. Posteriormente, tornou-se também um califa. Profunda lição ele nos transmitiu em seu Sermão 156:

> — *Este mundo chega a um fim com a morte, enquanto o outro mundo é assegurado pelas ações virtuosas neste mundo. Não haverá escapatória da ressurreição para as pessoas. Estão dirigindo-se para este derradeiro fim no seu curso determinado.*

O **Buda** (aprox. 563-483 a.C.) ensinou:

> *Com a jornada terminada e livre de lamentações, completamente libertos de todas as coisas, naqueles que destruíram todos os grilhões o fogo das paixões não é encontrado.*
>
> *Eles seguem com atenção plena, não se deleitando com nenhuma morada, assim como cisnes abandonando seu lago, lar após lar eles deixam para trás.*
>
> (Dhammapada 90 e 91)

Nessa mesma trilha, consta do *Bhagavad Gita* lição de **Krishna**:

Canto 16

1. Valor, pureza de coração, perseverança na yoga — conhecimento e ação —, caridade, domínio de si mesmo, sacrifício, estudo das escrituras, austeridade, retidão,

2. Não violência, veracidade, ausência de ira, abnegação, tranquilidade de ânimo, ausência de maledicência, compaixão por todos os viventes, desprendimento da ganância, gentileza, modéstia, circunspecção,

3. Energia, perdão, fortaleza, pureza, liberdade da má vontade e da arrogância — tais são os dotes daquele que nasceu na condição divina.

(...)

Eis aí: o Mundo Espiritual não é uma abstração. É uma realidade que se manifesta, desde o princípio dos tempos, por meio das mais diversas correntes do pensamento espiritual-humano.

É fundamental compreendermos que a verdadeira cidadania possui origem no Céu, de onde realmente viemos, pois há Vida antes da vida.

O Espírito como instrumento de progresso

O Espírito deve ser considerado — em sua Divina Dimensão, na qual o Amor, que é Deus, se mostra — como **potente instrumento de progresso**.

O Apóstolo dos Gentios, **Paulo** de Tarso, em sua Carta aos Gálatas, 5:22, 23 e 25, esclarece:

> — *Mas o fruto do Espírito é amor, alegria, paz, paciência, amabilidade, bondade, fidelidade, serenidade e domínio próprio. Contra essas coisas não há lei. (...)* ***Se vivemos pelo Espírito, andemos também pelo Espírito.***

Governar é educar o sentimento para o Bem.

Governo Invisível

Não podemos **eterna e preconceituosamente** ignorar a possibilidade de existir um Governo Espiritual (**ainda**) Invisível que — seguindo parâmetros cuja decifração **ainda** não alcançamos o significado completo — a tudo dirige, mesmo que respeitando o nosso livre-arbítrio, nem sempre bafejado pelo bom senso, diga-se de passagem.

Em *Os manuscritos do mar morto* — documentos de antiga seita judaica (possivelmente os essênios), descobertos entre 1947 e 1956, em Qumran, Israel, distante por volta de doze quilômetros de Jericó —, temos o seguinte hino de ação de graças Àquele que tudo sabe e tudo comanda com Sua Misericórdia Suprema: Deus, Pai-Mãe Universal, o Cidadão-Mor de Todo o Universo.

> *Tu és paciente em Teus julgamentos*
> *e justo em todas as Tuas ações.*
>
> *É por Tua sabedoria [que todas as coisas existem desde] sempre,*
> *e antes de criá-las Tu conhecias suas obras*
> *para todo o sempre.*

[Nada] é feito [sem Ti]
e nada se sabe a não ser que Tu o desejes.

Eis um **cântico de Cidadania Espiritual**, a nos conduzir o olhar para dimensões mais elevadas, nas quais vigoram Leis Divinas, que precisamos aprender e, sobretudo, vivenciar em nosso dia a dia.

Necessidades e princípios

O ser humano parece, nestes tempos, perder a sua identidade — desculpem a redundância — humana. Com isso, corre o risco, pelo menos para argumentar, de reverter ao estado mais primitivo. Portanto, estabelecer o senso de **equilíbrio** entre as **necessidades do cotidiano** e os **princípios da ética**, em Espírito e Verdade, à luz do Novo Mandamento[1] do Cristo Ecumênico, o Divino Estadista, é **fator basilar da vida em sociedade e alicerce ético do Cidadão do Espírito**.

---

1 Evangelho de Jesus, segundo João, 13:34 e 35; 15:7, 8, 10 a 17 e 9. Transcrito nas páginas iniciais desta obra.

Política de Deus – a ética do Espírito no cotidiano

Na *Folha de S.Paulo*, em 29 de novembro de 1987, escrevi que o ser humano — a obra máxima de Deus — não se limita ao deleite e às satisfações do corpo perecível, futuro cadáver. É muito mais. **É luz!**

Mentes inquiridoras poderiam contestar tal assertiva. No entanto, a massa é a energia condensada que ganha peso por efeito da Lei de Gravitação Universal de **Newton** (1643-1727), a qual foi ampliada e revista na Relatividade Geral de **Einstein** (1879-1955). Com o Espírito ocorre fato similar, pois, pela força da Lei de Gravidade Moral e Ética, é intensificada a sua luminosidade. O que não afeta os sentidos materiais ganha "peso", de forma que seja percebido por todos, e não apenas pelos que gravitam no Mundo Espiritual.

Por isso, **a Política de Deus é a inadiável vivência da ética do Espírito no cotidiano**[2], conforme preconizo há décadas, a fim de cumprirmos **A Fórmula Urgen-**

---

[2] Leia mais sobre o assunto na entrevista que Paiva Netto concedeu a **Benedito Nicácio de Almeida** (1932-2010), editor e diretor-responsável do *Jornal do Sul de Minas*, de Varginha/MG, em 13 de abril de 1991, publicada em *Crônicas e Entrevistas* (2000, p. 49), do mesmo autor deste livro.

tíssima de Jesus[3], como o saudoso Irmão Alziro Zarur definia esse preceito do Cristo Ecumênico, o Divino Estadista, que também considero ser a **Lei Econômica Urgentíssima do Supremo Comandante da Terra**:

> — *Buscai primeiramente o Reino de Deus e Sua Justiça, e todas as coisas materiais* [portanto, humanas e sociais] *vos serão acrescentadas* (Evangelho, segundo Mateus, 6:33).

Acerca de se intensificar a luz própria que cada um de nós possui, recordo-me da valiosa experiência do Irmão **Jacob** (Espírito), narrada por ele em seu livro *Voltei*, pela psicografia de **Francisco Cândido Xavier** (1910-2002). O autor descreve sua desencarnação e a passagem para o Mundo da Verdade — porque, realmente, **os mortos não morrem**!

Havendo concluído o seu ciclo de vida na esfera terrena, ele fora transportado para o Plano Espiritual, após o desenlace do corpo. E se sentia desalentado por não ter conseguido ainda a luz própria que brilhasse da sua Alma. Em determinado instante, contudo, o Irmão Jacob vê-se em situação desafiadora, ao ser atacado por dezesseis trevosas entidades que planejavam vingança. Recorreu, de imediato, ao sentimento de Caridade sin-

[3] **A Fórmula Urgentíssima de Jesus** — Consulte a p. 326, na qual o autor amplia o tema.

cera e elevou aos Céus fervorosa prece em que rogava o Amparo Divino àqueles que o perseguiam, chegando a reconhecer que

> — *nunca talvez como naqueles momentos me senti tão fortemente interessado por alguém, qual se estivesse disputando auxílio para irmãos ou filhas de meu próprio ser.*

Com as pálpebras umedecidas pela forte emoção que lhe arrebatava o íntimo, nota o afastamento daqueles seres brutalizados no ódio, que se retiram cabisbaixos. Envolto numa ambiência elevadíssima, sente que branda luz passa a brilhar em torno dele, o que o deixa surpreendido. Em meio à paisagem austera, momentaneamente envolvido pela inesperada luminosidade, surge o Espírito do estimado Irmão **Bittencourt Sampaio**[4], que lhe revela:

> *Jacob, não te admires da claridade que te rodeia. Ela pertence a ti mesmo. Nasce de tuas energias internas, orientadas agora para a Bondade Suprema. (...)*
> *A luz é substância divina gerada nas fontes superiores do Espírito Eterno. (...)*

[4] **Bittencourt Sampaio** (1834-1895) — Foi advogado, poeta, jornalista, político e médium brasileiro.

Por agora, os raios de tua boa vontade brilharão nas horas culminantes da fé, pela concentração de poderes espirituais na prece; todavia, à medida que te recolhas no exercício legítimo do amor cristão, em demonstrações genuínas de entendimento do Evangelho sentido, vivido e aplicado, controlarás tua capacidade irradiante, segundo os ditames da própria Alma!

Ama sem paixão, espera sem angústia, trabalha sem expectativa de recompensa, serve a todos sem perguntar, aprende as lições da vida sem revolta, humilha-te sem ruído ante os desígnios superiores, renuncia aos teus próprios desejos, sem lágrimas tempestuosas, e a vontade justa e compassiva do Pai iluminar-te-á constantemente o coração fraterno e o caminho redentor!

Ora, vigia, movimenta-te no esforço digno e sê feliz, meu amigo! ***A tua luz crescerá com a dilatação de teu devotamento ao Bem Infinito.***

(O destaque é meu.)

Façamos de nossa existência esse incansável labor em benefício da construção da **Cidadania do Espírito em nós**. A expansão do Bem na sociedade hodierna é responsabilidade de todos, porquanto é a salvação da humanidade como a conhecemos.

Mas alguém poderia argumentar:

— Por que me ocupar dessa missão? Não há muita gente se preocupando com isso?

Já ponderei há décadas: **quando o território não é defendido pelos bons, os maus fazem "justa" a vitória da injustiça**. Depois não adianta reclamar. É o Sábio Professor Quem a todos convoca e destaca a força espiritual, política e social do bom exemplo, em Seu Evangelho, segundo Mateus, 5:14 a 16:

Os discípulos, a luz do mundo

*— **Vós sois a luz do mundo.** Não se pode esconder uma cidade situada sobre um monte; nem os que acendem uma candeia a colocam debaixo de um móvel; porém, no velador, e assim ilumina a todos os que estão na casa. Assim **resplandeça igualmente a vossa luz diante dos homens, para que vejam as vossas boas obras** e glorifiquem a vosso Pai que está nos Céus.*

Outro Universo

O ser humano falece, o corpo fica... O Espírito (ou como o queiram chamar), que não pode ser reduzido ao restrito território da mente, migra para outro Universo ou outros Universos, que ainda não se veem. No entanto, as cerebrações vanguardeiras, antidogmáticas, despojadas de preconceitos e tabus, os pressentem e os procuram. Escreveu **Allan Kardec** (1804-1869), conhecido por ser "o bom senso encarnado":

> — *Deus povoou os mundos de seres vivos, concorrendo todos ao objetivo firme da Providência.*

O Direito à luz da Vida Eterna

Em *Epístola Constitucional do Terceiro Milênio* (1988) — obra nascida de uma carta que enderecei à Juventude Ecumênica da Boa Vontade de Deus, em 18 de julho de 1988 —, ao tecer considerações acerca da **verdadeira origem da cidadania**, afirmei que, reconhecida a existência da vida após a morte, o instinto desbravador do ser humano encontra-se diante de novo desafio: o estudo do **Direito à luz da Vida Eterna**, portanto, **sob o critério do Mundo Espiritual Elevado** — uma realidade que já está forçando as portas dos laboratórios até mesmo das nações oficialmente ateias. Os legisladores da Terra, ainda prejudicados pelo véu que a carne faz baixar sobre a inteligência, por isso muita vez "tomando a nuvem por **Juno**[5]", continuam cuidando do episódico por não quererem, ou não ousarem, enfrentar o Eterno. Precisarão aprender que a vida é permanente e que **há no Plano (ainda) Invisível** uma **civilização maior** que a terrena, **plena**

[5] **"Tomar a nuvem por Juno"** — Expressão que vem do latim, utilizada desde a Antiguidade, para designar o fato de alguém ser ludibriado, de enganar-se com aparências. A citação em pauta tem como origem a deusa Juno, mulher de **Júpiter**. O líder do Olimpo enganou **Íxion**, rei dos Lápitas, fazendo-o crer que uma nuvem fosse a deusa Juno, por quem ele estava apaixonado.

de Leis que influem em toda a trajetória humana, porque **as dimensões carnais e espirituais são interligadas**. Esse trabalho de esclarecimento é um dos mais importantes papéis a ser empreendido pela Política de Deus — a Política para o Espírito Eterno do Cidadão Ecumênico.

O próprio Cristo Jesus, no tocante às atribuições do Criador na condução desse Governo Espiritual, assegura em Seu Santo Evangelho, segundo João, 5:17:

— *Meu Pai não cessa de trabalhar, e Eu com Ele.*

Acreditar que possa haver direitos sem deveres é levar ao maior prejuízo a causa da liberdade.

Quem nasceu primeiro?

A Sabedoria Divina proclama que **o ser humano não é um corpo que tem um Espírito, mas, sim, um Espírito Eterno que possui um corpo passageiro**. O aplaudido padre jesuíta, teólogo, filósofo e paleontólogo francês **Pierre Teilhard de Chardin** (1881-1955), em sua luta sem quartel pelo diálogo entre o pensamento científico material e as forças sagradas da Criação, teria proferido esta preciosidade:

> — *Não somos seres humanos tendo uma experiência espiritual, mas seres espirituais tendo uma experiência humana.*

No livro do Profeta **Jeremias**, 1:5, encontramos esta elucidação do Senhor:

> — *Antes que Eu te formasse no ventre materno, Eu te conheci.*

Há, pois, claramente, Vida antes da vida.

Que tal meditar sobre **a Cidadania que nasce no Céu, onde existimos na forma de Espírito, e as mil consequências dessa confortante perspectiva**?

Vida Eterna

Morte, onde está a tua vitória? Onde, o teu aguilhão?
(I Paulo aos Coríntios, 15:55)

Os mortos não morrem![6]

Por sinal, esse é o brado do Templo da Boa Vontade (TBV), a Pirâmide das Almas Benditas, a Pirâmide dos Espíritos Luminosos — a Sede Espiritual da Religião de Deus, do Cristo e do Espírito Santo. **No TBV, está a Glória do Criador por intermédio de todas as criaturas, encarnadas ou desencarnadas, portanto, vivas e ecumenicamente reunidas, na Terra e no Céu.**

A vibrante Legionária da Boa Vontade de Deus **Leontina Lopes** (1932-1998), em psicografia datada de 3 de julho de 2004, pela mediunidade do Sensitivo

---

[6] **Os mortos não morrem!** — Inspirado no Santo Evangelho-Apocalipse de Jesus, Paiva Netto pediu que gravassem nos portais da Sala Egípcia do Templo da Boa Vontade (TBV), nos mais diversos idiomas, inclusive em hieróglifos, este seu esclarecedor pensamento: *"Os mortos não morrem!"* — sendo o grande brado do TBV. A frase também é título de um de seus *best-sellers*, lançado em Brasília/DF, durante as comemorações dos 29 anos do monumento, em 20 de outubro de 2018. A primeira edição esgotou-se no mesmo dia. Nele, o autor une, a partir do exemplo de Jesus, a visão espiritualista a avançados estudos científicos, além do testemunho de inúmeras personalidades acerca do fenômeno chamado morte.

Cristão do Novo Mandamento **Chico Periotto**, na ocasião do 29º Fórum Internacional do Jovem Ecumênico da Boa Vontade de Deus, em Goiânia/GO, Brasil, endereçou-nos comovente mensagem, da qual extraio alguns trechos[7] para nossa meditação:

> *É preciso somente muita vontade para relacionar-se com as multidões invisíveis que, a todo instante, tentam instruir e ajudar os Irmãos de Boa Vontade.*
>
> *(...)* ***Orem bastante e peçam auxílio sempre aos que fazem a proteção de suas vidas: nossos Amigos Guardiães, os Anjos da Guarda.***
>
> *Temos muitos amigos em todas as crenças que fazem muito DRF[8] entre todos os que possuem autoridade aqui, no Mundo Espiritual.*
>
> ***Teremos sucesso se fizermos cumprir os Mandamentos Legionários da Boa Vontade.***
>
> *Dará tudo certo!*

---

[7] Mensagem publicada no informativo *Ímpar*, 13ª edição, julho de 2004.

[8] **Departamento de Relações Fraternais (DRF)** — Cuida do relacionamento institucional com autoridades, religiosos, personalidades e o povo em geral, levando a fraterníssima mensagem da Legião da Boa Vontade. Vale mencionar que a proposta para a criação desse espaço foi feita ao saudoso fundador da LBV, Alziro Zarur, pelo seu principal assessor, Paiva Netto, que mais tarde se tornaria o diretor-presidente da Instituição. Em 11 de janeiro de 1968, na *Gazeta de Notícias*, Zarur ressaltou o entusiasmo de Paiva Netto em implantar o Departamento de Relações Públicas da LBV, que viria a se chamar Departamento de Relações Fraternais.

O saudoso Irmão Zarur costumava afirmar que

— *a LBV é um compromisso que não cessa nem com a morte.*

A nossa morada espiritual é construída, tijolo a tijolo, pelas ações que praticamos — boas ou más. Vivamos de acordo com os preceitos de Amor Fraterno com os quais nos afinamos e alcançaremos a felicidade verdadeira na Terra e no Céu da Terra.

Façamos de nossa existência esse incansável labor em benefício da construção da Cidadania do Espírito em nós. A expansão do Bem na sociedade hodierna é responsabilidade de todos, porquanto é a salvação da humanidade como a conhecemos.

Fé vence o impossível

É essencial ter a mente e o coração abertos para encarar os desafios da vida. A Fé é o combustível das Boas Obras. Com temor não há como cultivar a Fé. Impossível e Fé não combinam. São antagônicos.

Ensinou Jesus:

> — *Se tiverdes Fé do tamanho de um grão de mostarda, direis a este monte: Sai daqui, lança-te ao mar, e assim acontecerá.* ***Nada mais vos será impossível*** (Evangelho, consoante Mateus, 17:20).

Fé Realizante

A Fé nos fortalece. O trabalho nos realiza.

O poeta e filósofo espanhol de origem judaica **Salomão Ben Judá ibn Gabirol**, conhecido como **Avicebron** (aprox. 1020-1070), em sua famosa obra *Fons Vitae* (*Fonte da Vida*), escreveu:

> — *É pelo conhecimento e pela ação que a alma se une à vida mais elevada, posto que o conhecimento conduz à ação e a ação separa a alma dos opostos que a danificam e reconduzem-na à sua natureza e à sua essência. Em geral, o conhecimento e a ação libertam a alma dos laços da materialidade e purificam-na de suas trevas e de sua escuridão; e deste modo a alma regressa à sua vida superior.*

De fato, preclaro Avicebron. Vivamos, por isso mesmo, a Fé Realizante, aquela acompanhada pelas Boas Obras, espirituais e humanas. Ela nos faz alçar o degrau da Fé que diviniza[9].

---

[9] **Fé que diviniza** — Aquela que integra a criatura ao Criador. Leia mais sobre o assunto na coleção "Sagradas Diretrizes Espirituais da Religião de Deus, do Cristo e do Espírito Santo" (três volumes).

Governar o sentimento

Governar é educar o sentimento para o Bem. Todavia, há dirigentes em todo o mundo que assim não o fazem. Realizam apenas política por política, numa busca ensandecida por poder e/ou por interesses unicamente pessoais.

Um dia, porém, a Caridade[10], aliada à Justiça dentro da Verdade, será um dos estatutos basilares das ciências sociais e do governo dos povos, a conduzir países, multidões, ou seja, a própria criatura humana, como Cidadã do Espírito. Alziro Zarur ensinou que

> — *a pior desgraça humana é a ignorância das Leis Divinas.*

Por isso mesmo, a Legislação Universal está disposta a todos por Deus, concedendo a cada um segundo os próprios atos. Em Provérbios, 5:21, vemos quão justo e rigoroso é o Governo Divino:

> — *O Senhor olha atentamente para os caminhos do homem e considera os seus passos.*

---

[10] **Caridade** — Saiba mais a respeito do pensamento de Paiva Netto sobre o tema no capítulo com o mesmo nome, na p. 99.

A guerra fria esfriou alguma coisa?

Nosso labor é sempre chegar ao coração generoso do povo. É hora da conciliação que promova justiça social aos desfavorecidos do mundo, o que apenas poderá ocorrer quando governados e governantes alcançarem o real significado da luminosa mensagem do Novo Mandamento de Jesus, que é o Amor elevado à sua quintessência. Apenas o seu forte recado de Esperança é capaz de conter a ameaça de um conflito de proporções globais.

A guerra fria, por exemplo, em pouco ou nada arrefeceu rancores e ódios humanos, sociais, políticos, econômicos, religiosos.

O 32º presidente dos Estados Unidos, **Franklin Delano Roosevelt** (1882-1945), em 5 de setembro de 1939, alguns dias após a lamentável irrupção da Segunda Guerra Mundial — que se deu em 1º de setembro, com a invasão da Polônia pelas tropas alemãs, comandadas por Hitler —, dirigiu-se aos norte-americanos em discurso transmitido pelo rádio, no qual preveniu:

> — *Quando a paz é quebrada em qualquer lugar, a paz de todos os países de todos os lugares é ameaçada.*

Conforme escrevi em *Reflexões e Pensamentos — Dialética da Boa Vontade* (1987) e também na *Folha de S.Paulo*, em 11 de dezembro de 1988, **o combate à violência no mundo começa na luta contra a indiferença à sorte do vizinho**. Não sou pessimista, acredito no futuro. Mas ainda há insegurança e crueldade por toda a parte.

Maiores predadores

Fala-se em Paz. Contudo, recado de expressivo sentido encontra-se na Primeira Epístola do Apóstolo Paulo aos Tessalonicenses, 5:3:

> — *Quando andarem dizendo: "Paz, segurança!", eis que lhes sobrevirá repentina destruição, como vêm as dores do parto àquela que está para dar à luz, pois de nenhum modo escaparão.*

Não estejamos nós contribuindo para a concretização desse quadro, incluído o fato de que, pela nossa ação diária, somos os maiores predadores do nosso lar coletivo, o planeta Terra, e nisso se concentra o maior perigo. Temos de interromper o emporcalhamento do que nos cerca e, por consequência, parar de destruir vidas.

No livro de **Isaías**, 24:1, 5 e 6, no Antigo Testamento da Bíblia Sagrada, encontramos uma descrição como se a Natureza convocasse a humanidade a um ajuste de contas definitivo, anunciado, aos que têm *"olhos de ver e ouvidos de ouvir"*[11], há milhares de anos, pelo Profeta:

> 1 *Eis que o Senhor devasta e desola a Terra, transtorna a sua superfície e lhe dispersa os habitantes.*
> 5 *Na verdade, a Terra está contaminada por causa dos seus moradores* [logo, não por causa de Deus], *porquanto transgridem as leis, violam os estatutos e quebram a aliança eterna.*
> 6 *Por esse motivo, a maldição consome a Terra, e os que nela habitam se tornam culpados; por isso serão queimados os moradores da Terra, e poucos homens restarão.*

Exemplo de um trabalho de 2003 que permanece atualíssimo e vale a pena ser revisitado, pois a situação só vem se agravando: reduziu-se em 90% as reservas dos grandes peixes predadores, em comparação com os níveis pré-industriais, segundo informações dos pesquisadores dr. **Ransom A. Myers** (1952-2007), Ph.D.

---

[11] **Nota de Paiva Netto**
Em seus programas radiofônicos e pregações, Alziro Zarur unificou a 32ª Surata, versículo 12 do Corão Sagrado: *"Ó Senhor nosso, agora temos olhos de ver e ouvidos de ouvir"*, com o versículo oitavo do capítulo oitavo do Evangelho de Jesus, segundo Lucas: *"Quem tem ouvidos de ouvir ouça"*. Dizia ele, de forma eloquente: *"Veja quem tem olhos de ver. Ouça quem tem ouvidos de ouvir"*.

pela Dalhousie University, no Canadá, e dr. **Boris Worm**, Ph.D. pela mesma instituição, em artigo que publicaram na conceituada revista *Nature*, de 15 de maio de 2003. Já àquela altura concluíram:

> — *A pesca industrial tipicamente reduziu a biomassa da comunidade* [de peixes] *em 80% num prazo de 15 anos de exploração. Aumentos compensatórios em espécies de rápido crescimento foram observados, mas geralmente revertidos em uma década. Utilizando uma abordagem meta-analítica, estimamos que a biomassa de grandes peixes predadores atualmente corresponde a apenas cerca de 10% dos níveis pré-industriais. Concluímos que os decréscimos dos grandes predadores nas regiões costeiras se estenderam por todo o oceano global, trazendo potencialmente sérias consequências para os ecossistemas.*

Uma sugestão aos que não têm medo de pensar: leiam, por favor, os fraternos alertamentos do Evangelho e do Apocalipse do Cristo Ecumênico, o Divino Estadista, sobre a **transição dos Tempos**, incluída

> — ***a Grande Tribulação, como nunca houve, desde a fundação do mundo, e jamais se repetirá,***

de acordo com a Sua advertência no Evangelho, segundo Mateus, 24:3 a 28; **Marcos**, 13:3 a 23 e **Lucas**, 21:7 a 24.

Amor e repreensão

As anomalias climáticas são justamente grave anúncio sobre a realidade das admoestações do Professor Celeste no Novo Testamento da Bíblia Santa.

Mas não encontramos somente nas palavras de Jesus sinalizações quanto aos complexos problemas que a sociedade atual enfrenta. Outros extraordinários luminares foram mandados por Deus a este planeta, e não apenas no campo religioso.

Exemplo: o combatido físico norte-americano **James Hansen**. Ele é uma das mais insistentes vozes da Ciência a alertar o mundo quanto aos riscos das mudanças climáticas aceleradas pela ação humana no organismo vivo[12] da Terra. Já no fim da década de 1980, o cientista defendeu no senado americano suas teorias acerca dos futuros efeitos de impactos ambientais provocados, principalmente, pela indústria, ao que foi duramente criticado, tendo suas teses até

[12] **Organismo vivo** — O polêmico cientista inglês **James Lovelock** foi quem formulou essa ideia batizando-a de Hipótese de Gaia. De acordo com essa teoria, nosso planeta seria um **organismo vivo**, dotado de mecanismos autogestores que o regulam, análogos aos do corpo humano. Como exemplo, na Hipótese de Gaia, a crosta, as florestas, os oceanos seriam como que a pele deste descomunal ser vivente: a Terra.

mesmo expostas ao ridículo. No entanto, o tempo e as atuais catástrofes no orbe demonstram que, apesar de refutado, ele estava correto. Poderíamos listar muitos e muitos outros nomes que tiveram suas descobertas e/ou pontos de vista contestados por seus pares, a exemplo de **Charles Darwin, Bias, Baruch Spinoza, Galileu Galilei, Semmelweis, Harvey, Samuel Hahnemann, Oswaldo Cruz, Bertha Lutz, Ana Néri, Virgínia Bicudo, Hipácia, dr. Barry J. Marshall, dr. J. Robin Warren, Kepler, Copérnico, Newton, Einstein, Bohr, Max Planck, Heisenberg, Emmy Noether, Katherine Johnson, Dorothy Vaughan, Mary Jackson, Galeno de Pérgamo, Johannes Gutenberg, Christiaan Huygens, Antoine Lavoisier, Johann Gregor Mendel, James Clerk Maxwell, Marie Curie**, o casal Kirlian — **Semyon Davidovich Kirlian** e sua esposa, **Valentina Khrisanovna Kirlian**, o padre **Landell de Moura, Louis Pasteur**...

Em 23 de junho de 2008, vinte anos após o excepcional discurso, o dr. Hansen veio a público novamente e declarou:

> *No dia 23 de junho de 1988, eu testifiquei numa audiência, dirigida pelo senador Tim Wirth, do Colorado, que a Terra havia tomado uma direção de aquecimento a longo prazo e, com quase total certeza, os gases de efeito estufa produzidos pelos seres hu-*

manos eram os responsáveis por essa situação[13]*. Notei que o aquecimento global intensificou ambos os extremos do ciclo da água, significando secas e queimadas mais fortes por um lado, mas também chuvas e enchentes mais pesadas por outro.*

Meu testemunho há duas décadas foi recebido com ceticismo. Porém, ***enquanto o ceticismo for a força vital da ciência, ele pode confundir o público****. Pelo fato de os cientistas examinarem um tópico de todas as perspectivas, pode parecer que nada é conhecido com segurança. No entanto, a partir do estudo dos dados colhidos, feito de forma tão ampla e mente aberta, conclusões válidas podem ser abstraídas.*

---

[13] O dr. James Hansen é físico, diretor do *Goddard Institute for Space Studies* (Instituto Goddard de Estudos Espaciais) da Nasa, desde 1981, e professor adjunto do Departamento de Ciências da Terra e Ambientais na Columbia University. Em entrevista realizada a 10 de maio de 2008, expôs que ocorrem mudanças climáticas na Natureza há muito tempo. No entanto, com a interferência humana, houve uma aceleração desse processo. Na ocasião, trouxe o exemplo da concentração de dióxido de carbono na atmosfera. Sabe-se que a produção e a retirada naturais de CO_2 do meio ambiente são mecanismos desbalanceados. *"Pode haver um desequilíbrio, chegando a 0,0001 de uma parte por milhão de CO_2 por ano. Então, em 1 milhão de anos, você teria uma mudança de 100 partes por milhão de CO_2. Todavia, os seres humanos estão alterando essa quantidade para 2 partes por milhão de CO_2, a cada ano, ou seja, vinte mil vezes mais forte do que as mudanças geológicas naturais na composição atmosférica. Deste modo, com certeza, haverá mudança maior no clima. Com tudo isso, em termos de longa escala de tempo, estamos agora determinando as mudanças que ocorrerão nesse e nos próximos séculos, pelo que podemos observar."*

Minhas conclusões em 1988 foram construídas sobre uma ampla gama de informações, indo da física básica a estudos planetários, observações de mudanças contínuas e modelos climáticos. A evidência era forte o suficiente para que eu pudesse afirmar que era hora de "parar de encher linguiça". Eu estava certo de que o tempo traria a comunidade científica a um consenso similar, o que de fato ocorreu. (...)

(O destaque é meu.)

Avisos sérios e respeitáveis, portanto, não nos faltam. Além dos anúncios do aquecimento global, há ainda vozes que alertam para uma nova era glacial. Que estejamos todos atentos aos sinais vistos por toda a parte!

Ora, quem adverte ama. Razão por que Jesus, em Sua Carta à Igreja em Laodiceia (Apocalipse, 3:19), revela:

— *Aqueles a quem amo, repreendo e castigo. Sê, pois, zeloso e arrepende-te.*

Diante disso, o Livro das Profecias Finais pode ser entendido como uma fraterna e preocupada admoestação, por conseguinte, um recado do Infinito Amor de Deus às Suas criaturas. Perseveremos nos sublimes ensinamentos do Pai Celestial, que nos fortalecem para enfrentar com bravura tempos de grande provação, fundamentando nossas esperanças no Divino Criador dos mundos, que nunca nos abandona. Lembremos sempre desta assertiva do saudoso fundador da LBV e proclamador da Religião do Amor Universal, Alziro Zarur:

— *Não há segurança fora de Deus!*

É hora da conciliação que promova justiça social aos desfavorecidos do mundo, o que apenas poderá ocorrer quando governados e governantes alcançarem o real sentido da luminosa mensagem do Novo Mandamento de Jesus, que é o Amor elevado à sua quintessência. Apenas o seu forte recado de Esperança é capaz de conter a ameaça de um conflito de proporções globais.

Sem ironia na face

O ser humano nasce na Terra para viver em sociedade, **Sociedade Solidária Altruística Ecumênica**. É hora de compreendermos isso, sem um riso de ironia na face.

Sentido lato de cidadania

Cidadania, no seu significado lato, não se restringe ao corpo do cidadão, porquanto provém de seu Espírito Eterno. A compreensão disso será uma das maiores vitórias da sociedade no decorrer do terceiro milênio, o do Cidadão do Espírito.

AMOR, ORAÇÃO, JUSTIÇA E PAZ

A ferramenta essencial[1]

O Amor, a Misericórdia e a Justiça **dentro da Verdade** — como também preconizou o Profeta Isaías, nos capítulos 64 e 65 de seu livro no Antigo Testamento da Bíblia Sagrada, ao propor aos seres humanos o conhecimento e o respeito à Justiça de Deus — constituem **a base da convivência harmoniosa.** Trata-se do fundamento para um povo que deseja **progredir em Paz**, nesta e na Outra Vida, porquanto **a verdadeira cidadania tem início na Existência Invisível**, de onde viemos e para onde retornaremos. Daí sermos, antes de tudo, Cidadãos do Espírito.

Ensinamento do Buda:

> — *Quem faz o bem, neste mundo e no vindouro, é feliz em ambas as condições. Reconforta-o o pensamento do bem realizado. Ao entrar nos mundos felizes, é ainda maior a sua felicidade.*
>
> (Dhammapada 18)

[1] Trecho constante dos originais do livro *Sociologia do Universo*, de Paiva Netto.

Alimento transubstancial

Em 2 de novembro de 1979, no Núcleo da Legião da Boa Vontade em Niterói/RJ, Brasil, reiterei que **assim como o corpo necessita de sustentação, nossa parte eterna precisa do alimento transubstancial, sem o que adoece**. A saúde para a Alma está singularizada no Amor. Não há maior sofrimento do que a ausência dele.

Logo, faz-se urgente a vivência do Mandamento Novo de Jesus — *"Amai-vos como Eu vos amei. Somente assim podereis ser reconhecidos como meus discípulos"* (Evangelho, segundo João, 13:34 e 35) —, o Pão Vivo que desceu do Céu para alimentar, com Sua Santa Doutrina, os seres espirituais e humanos. Afinal, **os mortos não morrem!**

Revelou o Provedor Celeste, numa das mais comoventes passagens de Seu Evangelho, conforme os relatos de João, 6:48 a 51:

> 48 ***Eu sou o Pão da Vida.***
>
> 49 *Vossos pais comeram o maná no deserto, mas morreram.*
>
> 50 *Este é o Pão que desce do Céu, para que todo o que dele comer não pereça!*

[51] *Pois **Eu sou o Pão Vivo que desceu do Céu**. Se alguém dele comer, viverá eternamente; e o Pão que Eu darei para a vida do mundo é a minha própria carne* [minha Doutrina].

Sublimidade da Arte

Na sublimidade da Arte nos elevamos pela **senda do Amor Divino**, pois tudo o que se cria é inspirado na originalidade da Natureza, mesmo que **alguns** assim não considerem, porquanto a **natureza humana** (espiritual, psicológica, emocional e física) é muito mais instigante e surpreendente do que diversos notáveis pensadores cogitam. O artista dá sua preciosa interpretação.

Boa ação voluntária[2]

Quando há Amor Fraterno, incontrastável empenho e consagrada competência, que se desenvolve com labor e zelo — desde a fixação de um simples prego na madeira (creia no seu valor próprio!) —, não existem limites para o alicerce de um mundo melhor.

Medeiros e Albuquerque (1867-1934), jornalista, professor, político e abolicionista pernambucano, acertadamente reconheceu:

> — *O que faz a superioridade do homem sobre os outros animais é que ele compreendeu como na luta pela vida uma das armas mais eficazes é a bondade, é a assistência recíproca, é a caridade.*

Realizar o Bem voluntariamente é uma das mais belas páginas de Amor que o ser humano, ou seja, o Cidadão do Espírito, pode escrever. O Profeta Muhammad — *"Que a Paz e as Bênçãos de Deus estejam sobre ele!"* — ensina:

---

[2] Reflexão constante dos originais do livro *Sociologia do Universo*, do escritor Paiva Netto.

> — *Toda boa ação é caridade. Uma boa ação é aquela que faz aparecer um sorriso no rosto do outro.*

O fundador do Islamismo honra a memória de **Jesus** — e de Sua Santíssima Mãe, **Maria**, no Alcorão Sagrado — e O referencia como um dos grandes Profetas do Islã. Numa palestra intitulada "Jesus e o ideal do Alcorão", o presidente do Grupo de Pesquisa Muçulmano-Cristão, dr. **Hmida Ennaifer** (Ph.D., Universidade Zitouna/Tunísia e Sorbonne/França), vem ao encontro da nossa afirmativa ao comentar que

> — *dos 6.236 versículos que formam o Alcorão, o Cristo é citado 33 vezes, às vezes por Seu nome em árabe, às vezes por Seu nome composto, às vezes, enfim, por Sua qualificação de Messias. (...) De fato, quando estudamos mais atentamente o que o Alcorão diz sobre Jesus, percebemos que nenhuma outra figura foi dotada de um poder taumatúrgico tão extraordinário quanto o Seu. (...) Ele é o profeta, o servidor de Deus e a criança lavada de toda a impureza, mas é também o sinal, o exemplo, o Verbo, o Espírito vindo de Deus, a ciência do Agora, aquele que é sustentado pelo Espírito Santo, o caminho reto.*

Solução ideal

O problema do mundo não é primordialmente o pecado, **mas a carência de Amor que o gera**. "*Deus é Amor*", inspirado em Jesus definiu João, Evangelista e Profeta, o Discípulo Amado do Divino Mestre, em sua Primeira Epístola, 4:16:

> — *E nós temos reconhecido o Amor de Deus por nós, e Nele cremos. Deus é Amor: aquele que permanece no Amor permanece em Deus, e Deus, nele.*

No filme *Irmão Sol, Irmã Lua* (1972), do renomado cineasta italiano **Franco Zeffirelli** (1923-2019), cena impressionante é projetada: na ocasião em que recebeu a **Francisco de Assis**[3] (1181-1226), em Roma, o papa **Inocêncio III** (1160-1216), profundamente comovido pela presença e pelas palavras de *Il Poverello*[4], quase que em êxtase, ao beijar-lhe os pés, exclamou:

---

[3] **São Francisco de Assis** — Patrono da Legião da Boa Vontade (LBV). É exaltado por Paiva Netto como o Santo do Ecumenismo.

[4] ***Il Poverello*** — Do italiano, "O Pobrezinho". Forma como o Santo de Assis também era conhecido.

— Erros podem ser perdoados. Nossa obsessão com o pecado original nos faz muitas vezes esquecer nossa inocência original!

(O destaque é meu.)

Jesus trouxe aos povos elevada e abrangente visão a respeito do Pai Celeste: Caridade (isto é, Amor), Fraternidade, Generosidade, Compaixão **e também a perfeita Justiça**, porque, sem ela, vigora a impunidade, fomentadora da corrupção que estabelece o caos.

No livro *Os Mensageiros*, do Espírito **André Luiz**, pela psicografia do Legionário da Boa Vontade nº 15.353, Chico Xavier, lemos explicação de **Alfredo**, administrador de um Posto de Socorro no Mundo Espiritual, que diz:

— *Enquanto não imperar a lei universal do amor, é indispensável persevere o reinado da justiça.*

É evidente que, quando me refiro à Justiça, não estou tratando de vingança, porquanto esta é a mais completa negação daquela. Nesse sentido, o respeitado escritor e libretista italiano **Pietro Metastasio** (1698-1782) sentenciou:

— *Sem piedade, a justiça é crueldade. E é fraqueza a piedade sem justiça.*

De minha parte, tantas vezes tenho ponderado que **premiar quem não merece é crime**.

A mensagem do Cristo Ecumênico, o Celeste Estadista, é eterna:

> — *Passará o Céu, passará a Terra, mas as minhas palavras não passarão* (Evangelho, segundo Lucas, 21:33),

pois Ele divinamente apregoa o Amor do Seu Novo Mandamento como a definitiva solução para os infortúnios que afligem a humanidade:

> — *Amai-vos como Eu vos amei. Somente assim podereis ser reconhecidos como meus discípulos. Não há maior Amor do que doar a própria vida pelos seus amigos* (Evangelho, segundo João, 13:34 e 35 e 15:13).

O problema do mundo não é primordialmente o pecado, mas a carência de Amor que o gera.

Natureza cética e essência espiritual

Sobre a vivência do nobre sentimento universal — o Amor Fraterno —, traduzido por meio de inúmeros gestos, atitudes, expressões, no mesmo diapasão bíblico, manifesta-se o filósofo escocês **David Hume** (1711-1776). No seu *Tratado sobre a natureza humana*, referindo-se ao *"intercâmbio de sentimentos"*, capazes de estabelecer *"padrões gerais inalteráveis"* de costumes e caracteres em sociedade, declarou:

> — *Mediante esses princípios, podemos, com facilidade, explicar o mérito que comumente se atribui* à generosidade, ao respeito humano, à compaixão, à gratidão, à amizade, à fidelidade, à dedicação, ao desprendimento, à prodigalidade, *e a todas as outras qualidades que formam o caráter bom e benevolente. Uma propensão a sentimentos afetuosos torna um homem agradável e útil em todas os aspectos da vida; e imprime uma direção apropriada a todas as suas outras qualidades, as quais, de outro modo, podem se tornar prejudiciais à sociedade. (...)*

E concluiu o pensador:

— É digno de ser notado que nada comove mais a humanidade do que um exemplo de extraordinária sensibilidade no amor ou na amizade, em que uma pessoa presta atenção às menores preocupações de seu amigo e está disposta a sacrificar por ele seus mais importantes interesses.

Bela assertiva do empirista britânico. Devemos aproveitar o ensejo para ressaltar que **o processo de construção do saber não ocorre apenas pelas vias da racionalidade pura, ou somente pelos palpáveis cinco sentidos humanos**, como defendia Hume, **desprovidos de um conhecimento que antecede o corpo físico**. Já discorri reiteradas vezes sobre o assunto: **não somos uma peremptória caixa de detritos biológicos**, composta de carne, músculos e ossos, **pois nossa essência é espiritual**.

Lição que o Santo Evangelho de Jesus, segundo João, 6:63, nos provoca ao raciocínio:

*— **O Espírito é o que vivifica**; a carne para nada serve; as palavras que Eu vos tenho dito são Espírito e Vida.*

De *A Vinha e o Ceticismo*

Inferi em "A Vinha e o Ceticismo", artigo transcrito em meu livro *As Profecias sem Mistério* (1998), que é flagrante a necessidade de alargar a ótica espiritual do pensamento humano criador, **para que finalmente se torne aríete da gigantesca libertação que resta por fazer. Em que bases?! Nas do Espírito, desde que não considerado medíocre projeção da mente, porquanto é a Sublime Luminosidade que dá vida ao corpo**: eis a Extraordinária Vinha que o Criador oferece à criatura para livrá-la da zonzeira do ceticismo excessivo. Embora uma pequena dose dele seja bastante salutar, se apreciarmos esta advertência atribuída a **James Laver** (1899-1975), que foi curador do Departamento de Gravura, Ilustração e Design do *Victoria and Albert Museum*, de Londres, entre 1922 e 1959:

> — ***O ceticismo absoluto é tão injustificado quanto a credulidade absoluta.***
>
> (O destaque é meu.)

Leis físicas e ceticismo

Nas páginas da obra *O cérebro espiritual — Uma explicação neurocientífica para a existência da Alma*, do dr. **Mario Beauregard**, Ph.D., e da jornalista **Denyse O'Leary**, encontramos esta argumentação da bióloga e naturalista **Ursula Goodenough**:

> — *A ciência na verdade não pode falar de coisas como telepatia, crença* et cetera *de maneira algu-*

ma... Tudo que sabemos sobre leis físicas consideraria completa e irrefutavelmente que isso não acontece, que não é a forma como as coisas funcionam.

É natural que a pesquisa em laboratório tenha consciência de seus limites. No entanto, temos plena convicção de que a extraordinária Ciência chegará às explicações necessárias dos fenômenos espirituais, conforme vem ocorrendo nas investigações de muitos cientistas vanguardeiros.

Os autores do compêndio citam ainda reflexões do pesquisador e autor na área da Parapsicologia, **Dean Radin**, do seu *The Conscious Universe*, que escreve:

> *Aos poucos, na década de 1990 [o ceticismo] foi se deslocando de controvérsias sobre a existência de efeito psi para como explicá-lo...*
>
> *Os céticos que continuam a repetir as mesmas afirmações de que a parapsicologia é uma pseudociência, ou que não existem experiências reproduzíveis, são mal informados não apenas sobre o estado da parapsicologia, mas também sobre o atual estado do ceticismo!*

E avaliam os autores:

> *— Em geral, os materialistas reagem ao psi de* ***quatro maneiras****: negação categórica,* ***afirmações de que a ciência não pode tratar psi****, alegações de que*

> *se trata de um efeito trivial e* ***proposição de hipóteses alternativas que permanecem não testadas.***
> (Os destaques são meus.)

Chamo a atenção para o que enfatizou Ursula Goodenough:

> — ***Tudo que sabemos sobre leis físicas*** *(...).*

Ora, **e sabemos tão insuficientemente**! A cada dia, conhecimentos postos como irredutíveis são derrubados, ou quase isso, por novas descobertas científicas. Talvez ainda falte mais humildade a muitos desse fabuloso campo. E, para alguns poucos expoentes, menos temor de perder o *status quo*.

Espírito-medida

O decantado filósofo grego **Protágoras de Abdera** (aprox. 490-420 a.C.), muito conhecido pelo conceito do "homem-medida", afirma:

> — *O homem é a medida de todas as coisas, das coisas que são, enquanto são, das coisas que não são, enquanto não são.*

Mas nós procuramos ir mais adiante quando pregamos que, não o homem, **e sim o seu Espírito Eterno** é a *"medida de todas as coisas"*, porquanto, é a razão de tudo. Daí a nossa eloquente assertiva sobre a necessidade de se aprender a viver a **Cidadania Espiritual**.

Em sua *magnum opus Eneida*, **Virgílio** (70-19 a.C.) é categórico:

— *O Espírito move a matéria.*

Partimos da sabedoria greco-romana e alcançamos a Sabedoria Divina, que está à disposição de quem leva a sério a máxima de **Sócrates** (aprox. 470-399 a.C.):

— *Só sei que nada sei,*

a qual obriga o ser humano a não se satisfazer com aquilo de que já tem ciência.

Costumo dizer que, **para a Cidadania Espiritual, o conhecimento não tem fim. O caminho do aprendizado é infinito.** Então, por que se pretender que todas as bases do intelecto humano se encontram estabelecidas? Ora, **ser constantemente revista é o grande apanágio da Ciência**, o sinete de sua amplitude, a segurança do seu desenvolvimento, o qual tem elevado a novos estágios a humanidade.

Em minha obra *Tesouros da Alma* (2017), anotei:

Ao perscrutar o conhecimento, o ser humano atinge a Ciência. Quando vivencia o Amor Fraterno, alcança Deus, o supino da Sabedoria, a equação perfeita.

Faço a todos o convite para que também leiam *Os mortos não morrem* (2018). Nele, pude apresentar o trabalho de inúmeros vanguardeiros que ousaram seriamente investigar o Espírito.

Jesus é o Senhor da Paz

E, em qualquer casa onde entrardes, dizei antes de tudo: Paz seja nesta casa! E, se houver ali algum filho da Paz, repousará sobre ele a vossa paz; se não houver, a Paz voltará para vós.
Jesus (Lucas, 10:5 e 6)

Devemos olhar para o futuro, trabalhando pela fecundação da Paz em todos os setores da criação espiritual-humana.

Jesus, o Senhor da Paz, eleva o nosso sentimento a esse **lato estado de Cidadania Planetária**, a Espiritual.

Paz duradoura

Afaste-se do mal e faça o Bem; busque a Paz e siga-a.
(I **Pedro Apóstolo**, 3:11)

A Paz entre as nações é ainda sinônimo de astúcia e suspeição. **Só haverá Paz verdadeira quando a Fraternidade** — o último e esquecido baluarte[5] da Revolução Francesa — **habitar os corações.**

Urgente se faz que o ser humano, até mesmo por questão iminente de sobrevivência, não apenas pregue a Paz, mas se transmude nela própria. Ao vivenciar esse estado natural de Cidadão do Espírito, poderemos dizer com Jesus:

— *Estas coisas vos tenho dito para que* ***tenhais Paz em mim.*** *No mundo, tereis tribulações. Tende, porém, bom ânimo, pois* ***Eu venci o mundo*** (Evangelho, segundo João, 16:33).

[5] **Os três baluartes da Revolução Francesa (1789)** — Liberdade, Igualdade e **Fraternidade.**

Paz, oração e vigilância

O pastor **Martin Luther King Jr.** (1929-1968), destacado batalhador pela igualdade de direitos civis nos Estados Unidos, em discurso proferido a 10 de abril de 1957, na cidade de Saint Louis, Estado de Missouri, declarou com precisão:

— *A verdadeira paz não é meramente ausência de tensão, é a presença da justiça.*

Está certo o intrépido lidador da causa da filosofia de não violência, pois **a Paz é um dos mais potentes talentos de Deus**, sinônimo de Amor e de Justiça firmados na Verdade. Tudo deve convergir para ela e dela se expandir. **Nada tem a ver com covardia**, mas com bom senso e ação fraterna eficiente. "*Vigiar e orar*" (Boa Nova, consoante Marcos, 14:38) é valioso ensinamento de Jesus Ecumênico, o Divino Estadista, para alcançar, com forte decisão e grande paciência, a Paz.

Admoestou o Cristo de Deus:

— *Estai de sobreaviso, vigiai e orai, porque não sabeis quando é chegado o tempo do Julgamento Final* (Evangelho, consoante Marcos, 13:33).

Alziro Zarur interpretava o **vigiar** também como **trabalhar**. Então, dizia: *"Orai e vigiai; isto é, orai e trabalhai"*. **São Bento** (480-547), por sua vez, tornou princípio fundamental de sua Ordem o *"Ora et labora"* [*"Ora e trabalha"*].

A jovem escritora judia alemã **Anne Frank** (1929-1945) deixou registrados em seu diário ideais pacíficos, mesmo sofrendo a pungência da Segunda Guerra Mundial (1939-1945). Eis seu corajoso testemunho, alertamento para os que ainda se comprazem num pessimismo que só faz aumentar as enfermidades sociais e físicas dos povos:

> — *Apesar de todos e de tudo eu ainda creio na bondade humana.*

Sintonia da Paz

É inteligente respeitar as origens e o ponto de vista do nosso semelhante e, com ele, **raciocinar e coexistir na sintonia da Paz**.

Daniel, a Fé e o Poder da Prece

Costumo enfocar em meus artigos na imprensa e em palestras no rádio, na televisão e na internet: **O milagre que Deus espera dos seres espirituais e humanos é que aprendam a amar-se.** E a prece é ferramenta poderosa para essa metamorfose urgente, porquanto **a oração é o alimento da Alma, e o Amor, a substância da Justiça e da Paz**. Tanto é verdade que inspirou a **Melanchthon** (1497-1560), educador e teólogo luterano, esta preciosa manifestação:

> — *As tribulações e as perplexidades levam-me à prece; em compensação, a prece aparta-me dessas aflições.*

O Profeta **Daniel**, conhecido pela acertada interpretação que fez do sonho de **Nabucodonosor** (aprox. 634-562 a.C.), rei da Babilônia (Livro de Daniel, capítulo 2), por jamais duvidar do Senhor dos Universos, comprovou a força da oração oriunda da convicção suprema no Pai Celeste. Não titubeou nem mesmo quando **Dario** assinou edito que condenava à cova de leões os que adorassem, durante o período de um mês, qualquer deus ou homem que não fosse o próprio rei.

Nesse episódio, vemos o soberano persa ser induzido maliciosamente por seus príncipes ardilosos, os quais desejavam encontrar alguma infração na conduta impecável daquele que seria promovido a administrador de todo o reino. Isso não impediu Daniel de reverenciar o Criador, orando de joelhos, como de hábito, três vezes ao dia. Denunciado o Profeta pelos que cavavam sua ruína, Dario, com lamento e pesar, sentenciou-o à pena de morte, ainda que tentando, sem sucesso, evitar tamanha injustiça. Agoniza, então, em seu palácio, passando a noite em jejum. Pela manhã, dirige-se às pressas ao local do martírio, testemunhando um fato milagroso.

Daniel na cova dos leões

(Livro de Daniel, 6:20 a 28)

20 *E, chegando-se à cova, chamou por Daniel com voz triste; e disse o rei a Daniel: Daniel, servo do Deus vivo! Porventura, se daria o caso que o teu Deus, a quem tu continuamente serves, tenha podido livrar-te dos leões?*

21 *Então, Daniel falou ao rei: Ó rei, vive para sempre!*

22 *O meu Deus enviou o Seu anjo e fechou a boca dos leões, para que não me fizessem dano, porque foi achada em mim inocência diante Dele; e também contra ti, ó rei, não tenho cometido delito algum.*

> 23 *Então, o rei muito se alegrou em si mesmo e mandou tirar a Daniel da cova. Assim, foi tirado Daniel da cova, e nenhum dano se achou nele, porque crera no seu Deus.*

Nem é preciso descrever quão feliz ficou Dario. E à forma dura e crua daquele tempo, parecido algumas vezes com este, fez com que os acusadores do Profeta, com suas famílias, fossem lançados às garras dos leões:

> 24 *Ordenou o rei, e foram trazidos aqueles homens que tinham acusado a Daniel, e foram lançados na cova dos leões, eles, seus filhos e suas mulheres; e ainda não tinham chegado ao fundo da cova quando os leões se apoderaram deles, e lhes esmigalharam todos os ossos.*

Depois disso, o rei conclamou o povo a adorar o Deus único professado por Daniel, pois seria Aquele o Deus vivo que permanece eternamente, cujo reino *"não se pode destruir"*:

> 25 *Então, o rei Dario escreveu a todos os povos, nações e gente de diferentes línguas que habitam em toda a Terra: A paz vos seja multiplicada!*
> 26 *Da minha parte é feito um decreto, pelo qual, em todo o domínio do meu reino, os homens tremam e temam perante o Deus de Daniel, porque Ele é o*

Deus vivo e que permanece para sempre; e o Seu reino não se pode destruir, e o Seu domínio não terá fim.

27 ***Ele livra, e salva, e opera sinais e maravilhas no Céu e na Terra;*** *Ele salvou e livrou Daniel do poder dos leões.*

28 *Este Daniel, pois, prosperou no reinado de Dario e no reinado de Ciro, o persa.*

A propósito, acerca do poder extraordinário da Fé Realizante, que todos os seres espirituais e humanos possuem, Paulo Apóstolo considerou:

— *a Fé é a substância das coisas desejadas, a convicção de fatos que não se veem* (Epístola aos Hebreus, 11:1).

Não somos uma peremptória caixa de detritos biológicos, composta de carne, músculos e ossos, pois nossa essência é espiritual.

Futuro, idosos e jovens

No artigo "Leis e homens", publicado pela *Folha de S.Paulo*, em 8 de novembro de 1987, discorri sobre a questão dos aposentados, dando o seguinte enfoque:

O país que desampara os seus idosos não crê no futuro de sua mocidade. Que é a nação, além de seus componentes? (...) **Não existe futuro sem moços. Também não o há sem os mais vividos.** Além disso, **jovem é aquele que mantém o ideal no Bem.**

Apropriada é também a reflexão do pensador católico **Alceu Amoroso Lima** (1893-1983), mais conhecido pelo pseudônimo **Tristão de Athayde**, sempre envolvido na problemática social, que arrematou:

— *O valor da mocidade depende da causa a cujo serviço ela for posta.*

E a sabedoria de **Salomão** (século 10 a.C.) ensina-nos o respeito aos que muito dignamente serviram durante sua jornada:

— *O cabelo grisalho é uma coroa de esplendor, e obtém-se mediante uma vida justa* (Provérbios, 16:31).

CARIDADE

Conclusivo ideal do Cidadão do Espírito

Amor, Harmonia, Solidariedade, espírito de Justiça aliado à Bondade, jamais à vingança; Liberdade com respeito aos demais entes humanos; Verdade sem fanatismo social, político, filosófico, religioso ou científico; auxílio aos que sofrem, no corpo ou na Alma; Política e Economia, acompanhadas pelas virtudes da Correção e da Generosidade; Instrução, Educação, Reeducação, consoante a Fraternidade Ecumênica; portanto, tudo aquilo que na Paz ou na guerra torna forte a criatura, na Terra e no Mundo Invisível — que não é uma abstração — forma **o conclusivo conceito de ideologia para o Cidadão do Espírito**: **Caridade**, ou seja, o ar moral que, como seres realmente civilizados, devemos respirar.

Faz-se mister recordar o que fraternalmente nos ordenou Jesus:

> — *Ide e pregai, dizendo: É chegado o Reino dos Céus. Curai os enfermos, limpai os leprosos, ressuscitai os mortos, expulsai os demônios, dai de graça o que de graça recebeis. Vesti os nus, alimentai os famintos, amparai as viúvas e os órfãos. Eu sou o Caminho, e a Verdade, e a Vida. Ninguém vem ao Pai,*

senão por mim. Conhecereis a Verdade [de Deus], *e a Verdade* [de Deus] *vos libertará* (Evangelho, segundo Mateus, 10:7 e 8; Epístola de **Tiago**, 1:27; e Boa Nova, conforme João, 14:6 e 8:32).

Caridade e estratégia

A Caridade não é um sentimento de tolos. É a misericordiosa **estratégia de Deus** que, aliada à **Justiça Divina** (que não é a violência que homens inescrupulosos têm como tal), estabelece nos corações a condição perfeita para que se governe, administre, empresarie, trabalhe, pregue, exerça a Ciência, elabore a Filosofia e se viva, **com espírito de generosidade**, a Religião.

Suprassumo da Caridade

Novo Mandamento vos dou: Amai-vos como Eu vos amei. Somente assim podereis ser reconhecidos como meus discípulos (...). Não há maior Amor do que doar a própria vida pelos seus amigos. (...) Porquanto, da mesma forma como o Pai me ama, Eu também vos amo. Permanecei no meu Amor.

Jesus (João, 13:34 e 35 e 15:13 e 9)

Eis que nos encontramos diante do **suprassumo da Caridade**, como já lhes declarei, síntese do verdadeiro sentido de ideologia que os mais puros idealistas, de todas as origens, sempre buscaram e buscam. Ora, sem o Amor Fraterno (**que é sinônimo de Caridade**), sem a Verdade e sem a Justiça nunca haverá Paz duradoura. Alziro Zarur, em momentos de profunda inspiração, com toda a força de sua Alma, assim definiu o Mandamento Novo de Jesus:

*1º — O Novo Mandamento de Jesus é **a Essência de Deus**;*

*2º — O Novo Mandamento de Jesus é **a salvação da humanidade**;*

3º — O Novo Mandamento de Jesus — "Amai--vos como Eu vos amei" — ***é a Chave da Vida e a Chave da Morte.***

Profundas definições do grande proclamador da Religião de Deus, do Cristo e do Espírito Santo. Aí está, pois, em resumo a ação da Política Divina, que pregamos para o erguimento *"de um Brasil melhor e de uma humanidade mais feliz"*.

Caridade e Justiça

A Caridade é a Ideologia Divina do espírito de Justiça.

Reforma efetiva

Desumanidade gera desumanidade. Aí está, em resumo, a explicação do estado atual do planeta. Porém, com a riqueza de nosso Espírito, podemos edificar um amanhã mais apreciável. Entretanto, nenhuma reforma será duradoura se não houver **o sentido de Caridade, o respeito ao ser humano e o bom comando das gentes** atuando na Alma. Para que isso realmente ocorra, é necessário que estejamos integrados em **Deus, que é Amor** (Primeira Epístola de João, 4:16), **portanto, Caridade**. E foi justamente o Discípulo Amado que nos advertiu em sua Primeira Epístola, 3:17 e 18:

> — *Se alguém tiver recursos materiais e, vendo seu irmão em necessidade, não se compadecer dele, como pode permanecer nele o Amor de Deus? Filhinhos, não amemos de palavra nem de boca, mas em ação e em verdade.*

Sem essa providência e perseverança nela, como preconiza Jesus, possivelmente nem saberíamos por onde começar a consertar o que, ao longo dos milênios, temos danificado. **A integração verdadeira em Deus e em Sua Lei**, expressa pelo Divino Mestre no Seu Novo

Mandamento — *"Amai-vos como Eu vos amei. Somente assim podereis ser reconhecidos como meus discípulos"* (Evangelho, segundo João, 13:34 e 35) —, **é a reforma efetiva que falta ter início.**

Inesgotável combustível

A Caridade, aliada à Justiça e à Verdade Divinas, **é o combustível das transformações profundas.** Sua ação é sutil, mas eficaz. **A Caridade é Deus**, quando inequivocamente entendido como Amor, e não vingança.

Centro de gravidade

A Caridade é o centro gravitacional da consciência ideológica, portanto, educacional, política, social, filosófica, científica, religiosa, artística, esportiva, doméstica e pública do Cidadão Espiritual. Desse modo, se o ser humano não tiver compreensão dela, deve esforçar-se para entendê-la, a fim de que venha a subsistir em sua própria intimidade.

A esperança de paz e contentamento repousa nas águas límpidas da Caridade Completa, ou seja, Material e Espiritual. Ao Seu Servo e Profeta, o Senhor fez pousar **estas palavras da Justiça Perfeita**, que nasce **da Constituição Divina**. Registrou Isaías, 58:6 a 11:

> [6] *Porventura, não é este o jejum que escolhi: que soltes as ligaduras da impiedade, desfaças as ataduras do jugo e deixes livres os oprimidos e despedaces todo jugo?*
> [7] *Porventura, não é também que repartas o teu pão com o faminto, e recolhas em casa os pobres abandonados, e, quando vires o nu, o cubras, e não te escondas do teu semelhante?*

8 Então, romperá a tua luz como a alva, e a tua cura apressadamente brotará, e a tua justiça irá adiante de ti, e a glória do Senhor será a tua retaguarda.
9 Então, clamarás, e o Senhor te responderá; gritarás por socorro, e Ele dirá: Eis-me aqui. Se tirares do meio de ti o jugo, o dedo que ameaça, o falar iniquamente;
10 E se abrires a tua alma ao faminto e fartares a alma aflita, então, a tua luz nascerá nas trevas, e a tua escuridão será como o meio-dia.
*11 E **o Senhor te guiará continuamente, e fartará a tua alma em lugares áridos e fortificará os teus ossos**; e serás como um jardim regado e como um manancial cujas águas jamais faltam.*

Quando cérebro e coração, ecumenicamente educados e espiritualizados, decidirem juntos, a humanidade terá encontrado o seu verdadeiro destino.

Supremo poder da Alma

Caridade é **a comprovação do supremo poder da Alma** ao construir épocas melhores de vida (espiritual e material) para os países e seus povos, os Cidadãos do Espírito. Não há maior inspiração para a boa política do que ela, seguida pela Justiça aliada ao Bem. **Absurdo?! O tempo mostrará que não.** Aliás, já está manifestando isso ao vislumbrar a aurora da Política de Deus — a Política para o Espírito Eterno do ser humano. **Resta às multidões aprender em definitivo a enxergar essa realidade e desenvolver o sentido de Compaixão.** Assim, com o passar das eras, o mundo **abandonará a doença** que, pelos milênios, lhe tem feito tanto mal: **a pouca atenção que dá à força do Amor Fraterno**, *"princípio básico do Ser, fator gerador de vida, que está em toda parte e é tudo"*.

O polímata persa **Avicena** (aprox. 980-1037) — como também é conhecido o velho **Ibn Sina**, um dos brilhantes pensadores da Era de Ouro do Islã — percebeu que todas as coisas têm origem nesse Sentimento Universal, conforme explicitou em seu *Tratado sobre o Amor*:

> *Todo ser ama o Bem Absoluto com um amor inato, e o Bem Absoluto se manifesta a todos aqueles que O amam. No entanto, a capacidade de receber esta manifestação difere em grau, assim como a conexão que se tem com Ele. (...)*
>
> *Caso pudesse ocorrer de o Bem Absoluto não ter Se manifestado, nada poderia ser adquirido Dele, e se nada pudesse ser obtido Dele, nada poderia existir. Portanto, nada pode haver se Sua manifestação não estiver presente, uma vez que Ele é a causa de toda a existência.*

Sobre o sublime ato de se doar ao próximo e suas consequências sociais, assim se expressou o pensador político francês **Alexis de Tocqueville** (1805-1859):

> — *A caridade dos indivíduos se dedica às maiores misérias, procura o infortúnio sem publicidade e, de maneira silenciosa e espontânea, repara os males. (...) Pode produzir somente resultados benéficos. (...) Alivia muitas misérias, sem produzir nenhuma.*

Essas palavras do autor de *A democracia na América* nos remetem ao milenar estatuto deixado por Jesus, o Provedor Celeste, a todos os Cidadãos do Espírito:

2 Quando, pois, deres esmola, não faças tocar trombeta diante de ti, como fazem os hipócritas, nos templos e nas ruas, para serem glorificados pelos homens. Em verdade, em verdade vos digo que já receberam o seu galardão.

3 Quando deres esmola, não saiba a tua mão esquerda o que faz a direita.

(Evangelho, segundo Mateus, 6:2 e 3)

Quando o ser humano verdadeiramente ama, estabelece uma sintonia perfeita com as Leis de Amor e Justiça legadas ao mundo pelo Pai Celestial. **A criatura retorna ao seio do Seu Criador.** Pode-se transitar pelos séculos, mas essa **glória indescritível do Ecumenismo Divino**[1], que é o contato socioespiritual entre nós e Deus, um dia, se realizará.

1 **Ecumenismo Divino** — Leia a respeito em "Os Quatro Pilares do Ecumenismo", nas *Sagradas Diretrizes Espirituais da Religião de Deus, do Cristo e do Espírito Santo* (1987), volume 1, do mesmo autor desta obra.

Ação permanente contra a corrupção, a fome e a doença

Quando falo em Solidariedade, Fraternidade, Generosidade, quero deixar explícito que, de maneira alguma, são sentimentos despreocupados com o destino final, por exemplo, das campanhas feitas para países que enfrentam calamidades. É de conhecimento público que diversas doações tiveram sua destinação desvirtuada ao serem entregues a autoridades ou organizações que não as fizeram chegar a quem carece: os flagelados. Contudo, esse fato não pode servir de desalento aos que lutam por um mundo melhor. Pelo contrário, deve levá-los a se fortalecerem, unidos, em providências contínuas, a fim de corrigir essa situação vergonhosa.

Precisamos sempre nos inspirar na grande referência da Cidadania Espiritual, nosso Divino Mestre Jesus, que, pregando diante de uma multidão, esmerou-se em também alimentar materialmente aqueles que, ávidos por Sua Sabedoria Celeste, com atenção O ouviam. E observem que Ele assim o fez milagrosamente a partir de cinco pães e dois peixes que um corajoso jovem Lhe confiou:

A primeira multiplicação de pães e peixes

19 *Jesus, tendo mandado que a multidão se assentasse sobre a relva, tomando os cinco pães e os dois peixes, erguendo os olhos ao Céu, os abençoou. Depois, tendo partido os pães, deu-os aos discípulos, e estes, às multidões.*
20 *Todos comeram e se fartaram; e dos pedaços que sobejaram recolheram ainda doze cestos cheios.*
21 *E os que comeram foram cerca de cinco mil homens, além de mulheres e crianças.*
(Evangelho de Jesus, segundo Mateus, 14:19 a 21)

Essa passagem bíblica, certa vez, me inspirou a conscientizar a todos de que **a migalha de hoje é a farta refeição de amanhã**. Reparem que no versículo 20 está anotado que não se jogou fora o que sobejou.

No tocante a combater os maus feitos, vale lembrar este brado de perseverança na Caridade, expresso por Paulo Apóstolo, em sua Epístola aos Romanos, 12:21:

— *Não se deixem vencer pelo mal, mas vençam o mal com o Bem.*

Trabalhemos todos, sem nunca arrefecer o ânimo, porque a corrupção, a fome e a doença rondam e castigam as populações do planeta!

Pensamento de **Karl Marx** (1818-1883):

— *Um problema só surge quando estão presentes todas as condições para solucioná-lo.*

Reagir ao desânimo gera boa disposição!

Na mensagem que escrevi em Vila Nova de Gaia, Portugal, a 22 de julho de 1991, segunda-feira — incluída no meu ensaio *Cartas Espirituais da Europa* —, dedicada a todos os de Boa Vontade, tive o ensejo de destacar o conselho do dr. **Roberto de Canalejas** ao enfermo **Camilo Cândido Botelho** (pseudônimo), num hospital no Mundo da Verdade, registrado em *Memórias de um suicida*[2], psicografia da querida Irmã **Yvonne do Amaral Pereira** (1900-1984).

Reflitam a respeito destas palavras do dr. Roberto:

— *O desânimo é sempre mau conselheiro, cujas sugestões devemos fustigar com todas as nossas melhores*

[2] ***Memórias de um suicida*** — Por iniciativa de Paiva Netto, a Gravadora Som Puro lançou, a exemplo de *Há Dois Mil Anos, 50 Anos Depois, Nosso Lar* e *Sexo e Destino*, a radionovela *Memórias de um suicida*, adaptação do livro homônimo, que foi psicografado pela respeitada médium brasileira Yvonne do Amaral Pereira (1900-1984) e cujos direitos autorais pertencem à FEB.

forças! Reagi, meus amigos, voltando vossas vontades para a Força Suprema de onde emanam as energias que alimentam o Universo... e logo sentireis que disposições regeneradoras reerguerão vossas capacidades para o prosseguimento da jornada...

Acertada igualmente é a máxima do nobre dr. **Bezerra de Menezes** (Espírito):

— *Melhorar o pensamento é socorrer a própria vida*[3].

O milagre que Deus espera dos seres espirituais e humanos é que aprendam a amar-se. E a prece é ferramenta poderosa para essa metamorfose urgente, porquanto a oração é o alimento da Alma, e o Amor, a substância da Justiça e da Paz.

[3] Essa reflexão do dr. Bezerra de Menezes foi psicografada pelo Sensitivo Cristão do Novo Mandamento Chico Periotto, em 4 de abril de 2010, na cidade do Rio de Janeiro/RJ, Brasil.

ECUMENISMO

Ecumenismo – etimologia

Antes de dar prosseguimento à análise a respeito da vasta perspectiva que a Religião de Deus, do Cristo e do Espírito Santo apresenta sobre Ecumenismo, abro parênteses para transcrever uma observação que integra meu artigo "O dinamismo da Paz", o qual dediquei, em agosto de 2000, aos participantes da Conferência de Cúpula da Paz Mundial para o Milênio, realizada na sede da ONU em Nova York, EUA. Adianto-lhes este trecho, que possui teor elucidativo:

(...) Sempre que você ler em meus escritos ou ouvir em meus improvisos a palavra **"Ecumenismo"**, por favor, considere **o aspecto original do termo**. De acordo com sua etimologia, "ecumênico" (**do grego *oikoumenikós***) significa **"toda a Terra habitada"** e **"de escopo ou aplicabilidade mundial; universal"**. Utilizamos esse vocábulo sobejamente porque não haverá verdadeira Paz entre as nações enquanto ela não for estendida a todos os habitantes da Terra, a despeito de religião, visão particular ideológica, de ciência, política, filosofia, arte, esporte etc. Agora mais do que nunca, nestes tempos globais, **a paz restrita é permanente convocação para novos conflitos**.

Não foi sem motivo que Jesus prometeu:

— *Minha Paz vos deixo, minha Paz vos dou. Eu não vos dou a paz do mundo. Eu vos dou a Paz de Deus, que o mundo não vos pode dar (...).*

(Evangelho, segundo João, 14:27)

Jamais esqueço de mostrar a todos que o Cristo de Deus, com a Sua superlativa força moral, não deixou de repelir os vendilhões que haviam transformado o magnífico Templo de Jerusalém numa casa de comércio (Evangelho, segundo João, 2:15 e 16). **É a Divina Paz manifestando-se com sua impreterível feição de Justiça e Amor:**

> [15] *E, tendo feito um azorrague de cordéis, lançou todos fora do templo, também os bois e ovelhas; e espalhou o dinheiro dos cambiadores, e derribou as mesas;*
> [16] *e disse aos que vendiam pombos: Tirai daqui estes, e não façais da Casa de meu Pai casa de venda.*

Em minha página “Não há mundo sem a China”, publicada na revista *International Business and Management*, em 1987, e reproduzida para os participantes da IV Conferência sobre a Mulher, realizada em Pequim, em setembro de 1995, escrevi: **O caminho da LBV é a Paz.** Chega de guerras! A brutalidade é a lei dos irracionais, não do ser humano, que se considera superior. **Pregamos a valorização da criatura e de seu Espírito Imortal, que é a riqueza de um país.** A fortuna da

China são os chineses, como a do Brasil e a das demais nações é o seu povo. (...)

* * *

Providência para a Reeducação Geral dos povos

Forçoso se faz ressaltar que determinante passo para a conquista definitiva da tão almejada Paz reside na **Reeducação Geral dos povos da Terra** — como tanto desejava o saudoso Irmão Zarur. As nações necessitam da **urgente espiritualização de seus povos**. A respeito dessa chave iniciática pioneira da Legião da Boa Vontade e da Religião de Deus, do Cristo e do Espírito Santo, novamente recorro à *Epístola Constitucional do Terceiro Milênio* (1988), em que esclareci: **Sem Educação e Instrução não há progresso.** Todavia, educar e instruir não é apenas ensinar a ler, a mergulhar nos livros. Trata-se, acima de tudo, de **iluminar com o Mandamento Novo de Jesus a inteligência para as funções harmônicas do ser humano na sociedade**. Isso será conseguido quando a criatura souber ver, **além do intelecto**, com os olhos do Espírito.

Daí o valor fundamental do **Ecumenismo** sem barreiras (nem mesmo as interdimensionais), sobre o qual estamos versando e que já afirmei ser **Educação aberta à Paz**.

P.S. – Antes que seja tarde demais...

Ora, o fim de todas as coisas está próximo; sede, portanto, criteriosos e sóbrios a bem das vossas orações. Acima de tudo, porém, ***tende intenso Amor uns para com os outros, porque o Amor cobre uma multidão de pecados****.*

(I Pedro Apóstolo, 4:7 e 8)

O Ecumenismo, como o entendemos, é a **globalização sublimada pela Solidariedade**. É indispensável, portanto, mundializar o Amor Fraterno **e espiritualizar a tecnologia e a economia**. Com a palavra, **Joseph Alois Schumpeter** (1883-1950), em *A Teoria do Desenvolvimento Econômico*:

— *O processo social, na realidade, é um todo indivisível. (...) Um fato nunca é pura ou exclusivamente econômico; sempre* ***existem outros aspectos em geral mais importantes****.*

(O destaque é meu.)

E peço licença a Schumpeter para incluir entre os *"outros aspectos em geral mais importantes"* **os espirituais.**

Precisamos reconhecer que a vida não tem início na Terra, mas no Céu da Terra, no Mundo (**ainda**) Invisível aos olhos humanos. Cumpre, então, acrescentar nessas considerações a famosa assertiva de **Hamlet** (Ato 1, Cena 5):

> — *Há mais coisas entre o Céu e a Terra, Horácio, do que sonha a vossa filosofia.*

São falas iguais a essa que justificam, há séculos, o renome do bardo[1] inglês **Shakespeare** (1564-1616).

Ora, antes de carne, somos Espírito, consequentemente, Cidadãos Celestes, o que nos convoca a estudar, para melhor entender, as Leis que governam a **esplêndida sociedade que gravita nas Esferas Invisíveis**, que se situam **bem acima** de nossas cabeças.

Daí já ter eu afirmado que **matéria também é Espírito**[2], e este, o Espírito, é **a verdadeira realidade**. Trata-se de mais um desafio à instigante física de partículas. **O destino da Ciência convencional é o de ser a todo**

---

[1] **Bardo** — Na história antiga europeia, bardo era a designação dada aos artistas (músicos e poetas) que, de forma simultânea, por meio de canções e poesias, transmitiam o passado de seus povos, com suas lendas e poemas. Mais tarde, seriam chamados de trovadores.

[2] **Matéria também é Espírito** — Leia mais a respeito no livro *Reflexões da Alma* (2003), de Paiva Netto.

momento reavaliada. Quebrar paradigmas, considerados irremovíveis quando não o são, é o que impulsiona os vanguardeiros para a frente, para o futuro, para o Alto.

Que nós, humanidade, compreendamos isso tudo antes que seja tarde demais! **Aquilo que não alcançamos pelo esforço do Amor pode vir a nos atropelar com a rigidez da Mestra Dor.**

Ecumenismo das Almas

Pregamos o Ecumenismo sem fronteiras, o Ecumenismo das Almas — oriundas da *Alma mater*, o Supremo Criador —, o **Ecumenismo dos Sentimentos Fraternos** (que a tudo transcende), aqueles que constituem a projeção maior do Coração Divino e anseiam unir-se no soerguer de um futuro feliz.

A grande vocação

Conforme anotei em *Crônicas e Entrevistas* (2000)[3], contra a mundialização da indiferença e do crime urge contrapor o **Ecumenismo da Solidariedade**. Este desconhece tabus e preconceitos humanos, sociais, ideológicos, políticos, étnicos e religiosos. **Sua grande vocação é pura e simplesmente a Alma Eterna da criatura humana, o Cidadão Espiritual**, um firme passo adiante na **reestruturação da cultura terrestre no terceiro milênio.** Essa nova realidade nos fará entender ***"por que nascemos, vivemos e morremos"***, como também preconizava Allan Kardec, no seu livro *A Gênese*. Ele utilizou essa manifestação do seu saber ao explicar o aparecimento de seres geniais na história do planeta:

> — *Notemos que na sua maioria* [os seres humanos geniais] *denotam, ao nascer, faculdades transcendentes e alguns conhecimentos inatos, que com pouco trabalho desenvolvem. Pertencem realmente à Humanidade, pois* ***nascem, vivem e morrem*** *como*

[3] ***Crônicas e Entrevistas*** — Nesta obra, Paiva Netto reúne uma série de artigos, entrevistas e improvisos que fez ao longo de décadas em sua tarefa meritória nas lides da Boa Vontade.

> *nós. Onde, porém, adquiriram esses conhecimentos que não puderam aprender durante a vida? (...) A única solução racional do problema está na preexistência da alma e na pluralidade das vidas. O homem de gênio é um Espírito que tem vivido mais tempo; que, por conseguinte, adquiriu e progrediu mais do que aqueles que estão menos adiantados. (...) Mas seu saber é fruto de um trabalho anterior e não resultado de um privilégio.*
>
> (O destaque é meu.)

Daí o milenar preceito de Jesus a **Nicodemos**, registrado no Santo Evangelho, segundo João, 3:5:

> — *Em verdade, em verdade te digo que aquele que não **nascer da água e do Espírito** não pode entrar no Reino dos Céus.*

Nascer da água: "reencarnação", **e do Espírito**: "a reforma íntima", faz com que nossa Alma vá progredindo milênios afora, até atingir a **Plenitude da Sabedoria de Deus**.

O conhecimento e, sobretudo, o reconhecimento desse fato transcendental mudarão para melhor a história dos povos, que aprenderão as leis fundamentais, isto é, as Divinas, que nos guiam rumo à felicidade real e governam os Cidadãos Espirituais de todas as paragens.

Abaixo a intolerância

Quando falamos em Ecumenismo, queremos dizer universalismo do Bem, portanto, Fraternidade acima de todos os ódios lacerantes.

Swami Vivekananda (1863-1902), monge, iogue e filósofo hindu, a respeito do Princípio da Tolerância, declarou, no Parlamento das Religiões, realizado em Chicago, EUA, em 1893:

> — *Santidade, pureza e caridade não são posses exclusivas de nenhuma igreja no mundo; todo sistema produziu homens e mulheres de caráter elevado. Em face dessa evidência, se alguém sonha com a sobrevivência exclusiva da sua própria fé e a ruína das outras, tenho pena dele do fundo de minha alma. E aponto que, em breve, sobre a bandeira de toda religião será escrito, apesar da resistência: (...) "Ajude e não Lute", "Assimilação e não Destruição", "Harmonia e Paz, e não Contenda".*

Como várias vezes já enfatizei em minhas pregações, faladas e escritas, o milagre que Deus espera dos seres espirituais e humanos é que aprendam a amar como Jesus nos amou. Essa afirmativa provoca uma pergunta: E como o Divino Mestre nos amou e tem amado?

Ao que respondo: releia, por favor, o Novo Mandamento de Jesus, o Cristo Ecumênico, o Excelso Estadista — *"Amai-vos como Eu vos amei. Somente assim podereis ser reconhecidos como meus discípulos"* (Evangelho, segundo João, 13:34 e 35) —, que reuni, em forma de tratado, na página 7 deste livro.

Ora, antes de carne, somos Espírito, consequentemente, Cidadãos Celestes, o que nos convoca a estudar, para melhor entender, as Leis que governam a esplêndida sociedade que gravita nas Esferas Invisíveis, que se situam bem acima de nossas cabeças.

Ideal Ecumênico

Tudo o que costuma dividir e segregar as criaturas em grupos intolerantes se opõe ao Ideal Ecumênico da Paz.

Em *O Guia dos Perplexos*, **Maimônides** (1135-1204), em sua busca por conciliar o Judaísmo com o pensamento aristotélico, é categórico:

> — *Proclama-se claramente que o ser humano é político por natureza, e* ***esta condição lhe impõe viver em comunidade.***
>
> (O destaque é meu.)

Tancredo Neves (1910-1985), político mineiro, presidente eleito em 1985, no período da redemocratização do Brasil, mas que faleceu antes de tomar posse, vem ao encontro dessa assertiva ao defender que

> — *A cidadania não é atitude passiva, mas ação permanente em favor da comunidade.*

Jesus, o Cristo Ecumênico, o Estadista Divino

Em 1989, o produtor de documentários da TV polonesa, então vice-presidente da Associação Universal de Esperanto, jornalista **Roman Dobrzyński**, esteve no Brasil para participar da inauguração do Templo da Boa Vontade. Na ocasião, em entrevista, perguntou-me como podia pregar o Ecumenismo Irrestrito falando em Jesus. Respondi-lhe, conforme tantas vezes expusera meu pensamento acerca deste tópico, que uma das grandes tarefas da Religião de Deus, do Cristo e do Espírito Santo é dessectarizá-Lo, pois Jesus é o Cristo Ecumênico, o Divino Estadista, e concluí: **o Provedor Celeste** não é um rancoroso exclusivista. Ele é um Ideal Sublime de Humanidade, Amor, Solidariedade, Justiça e Compaixão para todos os seres espirituais e humanos. **Jesus é uma conquista diária para os que têm sede de Saber, de Misericórdia, de Fraternidade, de Generosidade, de Liberdade, de Solidariedade e Igualdade**[4], segundo a Lei Universal da Reencarnação,

[4] **Igualdade** — Ouça ou leia Paiva Netto para conhecer o conceito de igualdade pelo prisma do Novo Mandamento de Jesus. No fim do livro, você tem acesso a uma lista de emissoras de rádio e TV, bem como aos portais na internet.

Há 30 anos, antes da inauguração do Templo da Boa Vontade, em 1989, o jornalista polonês Roman Dobrzyński esteve no Brasil para entrevistar Paiva Netto.

— *que dá a cada um de acordo com as obras de cada um* (Evangelho, segundo Mateus, 16:27).

Jesus, em Si mesmo, não constitui fator de rancores e guerras. Pregou, com o Seu Novo Mandamento — *"Amai-vos como Eu vos amei. Somente assim podereis ser reconhecidos como meus discípulos"* (Evangelho, segundo João, 13:34 e 35) —, o Amor elevado à enésima potência. O que as criaturas terrenas fizeram com a Sua Mensagem é criação reducionista delas (...).

Revelar o excelso significado do Seu Evangelho e do Seu Apocalipse, sem sectarismos, é destacado serviço que a Religião do Terceiro Milênio está prestando à sociedade do mundo (...).

Libertador liberto

Numa das minhas palestras pelo rádio, dezesseis anos após a entrevista à TV polonesa, mais precisamente em 5 de novembro de 2005, durante a Cruzada do Novo Mandamento de Jesus no Lar[5], que é uma **série de programas dedicados à integração das famílias nas Leis de Deus**, reforcei o meu pensamento **sobre a universalidade da figura do Professor Celeste**:

É imprescindível a compreensão de que **Jesus não é monopólio de qualquer crença**, por mais notável ou elevada que seja. **Ele é o Libertador Divino.** Compreendido livre do vezo da intransigência, deixa de ser visto como "uma peça" — forma pela qual os escravos eram cruelmente rotulados e tratados.

Libertador sob algemas?!

Desse modo, de mãos atadas, Jesus jamais poderia libertar alguém. Porquanto, não é o Mestre que pertence a nós — argumentação que desastrosamente tem

---

[5] **Cruzada do Novo Mandamento de Jesus no Lar** — Veiculada, toda segunda-feira, na Super Rede Boa Vontade de Rádio (veja a relação de emissoras no portal boavontade.com ou baixe o *app* Boa Vontade *Play*, na loja de aplicativos de seu celular), é transmitida diretamente da Igreja Familiar nº 1 da Religião de Deus, do Cristo e do Espírito Santo, sob a responsabilidade do casal Paiva Netto, e estendida a todas as Igrejas Familiares da Religião do Amor Universal. Para se inteirar mais sobre esse importante trabalho da Religião Divina, leia o primeiro volume das *Sagradas Diretrizes Espirituais da Religião de Deus, do Cristo e do Espírito Santo* (1987).

levado a muitos conflitos lastimáveis, na luta por sua propriedade. Pelo contrário, **nós é que pertencemos a Ele.** (...) É urgente, pois, instruir-se, educar-se, reeducar-se, para devidamente instruir, educar e reeducar em Deus, no Cristo e no Espírito Santo. É a Cruzada de Reeducação Geral[6] da Religião Divina em marcha.

Urge destacar essa qualidade do Taumaturgo Celeste, não obstante a redundância: **um Libertador libertário que está realmente liberto. Ele vive acima de nossas medidas de espaço-tempo, que constringem o raciocínio, apequenam a filosofia e a lógica**, pois submetem nossos métodos de análise aos parcos sentidos humanos. Apesar de saber que nem a Terra nem mesmo o Sol são o centro do Universo, **o ser humano**, em número apreciável, **continua acreditando constituir o fulcro universal de todo o saber. Essa mentalidade** geocêntrica, ou antropocêntrica, ou ambas, **geoantropocêntrica[7], dificulta a dessectarização dos assuntos em debate.**

Estamos longe de ser o núcleo do Cosmos. **É preciso que a consciência também se livre desses conceitos que a Astronomia já derrubou**, mas que ainda

---

[6] **Cruzada de Reeducação Geral** — Leia sobre o assunto nas *Sagradas Diretrizes Espirituais da Religião de Deus, do Cristo e do Espírito Santo* (1987), volume 1, de Paiva Netto.

[7] **Geoantropocêntrica** — Leia mais sobre o assunto em *A Missão dos Setenta e o "lobo invisível"* (2018), no capítulo "Visão geoantropocêntrica do pensamento".

estão incrustados, de maneira oculta, na perspectiva humana de pensar. O raciocínio de **Joracy Camargo** (1898-1973), renomado jornalista, cronista e teatrólogo brasileiro, contribui com esta reflexão ao afirmar que:

> — *A função do sábio não é condenar, mas investigar e explicar. O que mais o caracteriza é o espírito de tolerância.*

Assim ocorre com a Palavra de Deus. Ela não pode ser interpretada como se fosse um cativeiro mental e, sobretudo, espiritual. Sua contundente letra, examinada pelo prisma do livre-arbítrio[8] com que o Pai Celeste nos oferece condições de **pensar e agir com responsabilidade**, rompe correntes da ignorância espiritual. Ademais, nunca nos esqueçamos de que *"Deus é Amor"* (Primeira Epístola de João, 4:8), razão pela qual Sua Mensagem não pode ser discernida pelo diapasão do ódio. Um primeiro e acertado passo para tal postura é **dessectarizar Jesus**.

---

[8] **Livre-arbítrio** — Paiva Netto, em seu livro *O Brasil e o Apocalipse*, volume terceiro (1996), discorre sobre o assunto: *"Cada um constrói o seu destino. Livre-arbítrio e determinismo coexistem. Ato algum deixa de ter consequência, neste e no outro mundo. O Pai Celestial nos dá a vida, nós criamos o nosso destino, bom ou mau, até que aprendamos, no transcorrer das existências sucessivas, o caminho eterno do Bem, que é Deus"*. Leia ainda o excelente capítulo "Deus, livre-arbítrio relativo e responsabilidade", da obra *Os mortos não morrem* (2018), de Paiva Netto.

Ecumenismo, Religião e Ciência

Esse pensamento legionário da Boa Vontade de vanguarda é resultado do Ecumenismo como o vemos, de maneira irrestrita. Ele não está circunscrito a esta ou àquela vertente do entendimento religioso. É o **Ecumenismo no sentido universalista**, que concebe um Deus livre dos grilhões da ignorância humana, que não compreende Religião (ou Ciência) como sistema de aprisionamento. Aliás, a Ciência, ao se antepor à Religião — por considerá-la uma maneira de escravizar a criatura —, de certa forma se tornou um tanto dogmática. Numa ocasião, testemunhei uma pessoa, a quem respeito, dizer:

> — *Não posso admitir a existência do Espírito, porque isso foge à minha formação científica.*

O mais incrível nessa afirmativa é **não haver nada mais anticientífico do que se proferir um absurdo desses. Que formação científica**?

Hipócrates (aprox. 460-370 a.C.) foi também um cientista, tido como o pai da Medicina. Mas as técnicas de sua época podem ser aplicadas nos dias de hoje? A não ser na sua parte moral, ética[9]; tanto que há o

---

[9] **Nota de Paiva Netto**

Refiro-me ao que é eternamente moral e ético, e não àquilo que varia conforme a cultura humana temporal, que muda, para melhor ou para pior, e aí →

Juramento de Hipócrates, sempre válido. Será que todos o cumprem? Ele não sabia, é claro, da existência da Medicina nos moldes avançadíssimos da atualidade. No seu tempo se pensava que as moscas nasciam do lodaçal. Não se concebia que a mosca mantinha um relacionamento sexual com o "mosco" (risos) e dali eclodiam as larvas que, mais tarde, se transformariam no inseto adulto. Acreditava-se que a lama é que era a vida. Então, o lodo absurdamente era a mosca se reproduzindo.

Não nos podemos ancorar apenas em nossos limitadíssimos cinco sentidos físicos. Eles não são bastantes para nos fazer devidamente adiantados, pois a **Cultura tem origem verdadeira no Mundo Espiritual. Quando soubermos estabelecer a perfeita sintonia Terra–Céu para merecer a ligação permanente Céu–Terra, receberemos de lá conhecimento crescente. Antes de tudo, somos Espírito.**

Dessectarizando o Cristianismo

Ora, ao dessectarizar o entendimento sobre Jesus, o Cristianismo também passa a ser reconhecido na sua original feição ecumênica. O Divino Pegureiro mesmo diz, no Seu Santo Evangelho, segundo João, 10:15 e 16:

→ está a sua gravidade, estabelecendo dores, perseguições e, até mesmo, sérios conflitos.

15 Assim como o Pai me conhece, Eu também co-
nheço o Pai; e dou a minha vida pelas ovelhas.
16 Tenho outras que não são deste aprisco; ***a mim***
me convém conduzi-las*. E elas ouvirão a minha*
voz, e haverá um só Rebanho para um só Pastor.

E no Apocalipse do Cristo, 7:9 a 17:

A Visão dos Glorificados

9 Depois destas coisas, ***olhei, e eis grande multi-***
dão que ninguém podia enumerar, de todas as
nações, tribos, povos e línguas, em pé diante do
trono e diante do Cordeiro de Deus[10]*, trajando*
vestiduras brancas, com palmas nas suas mãos;
10 e clamava com grande voz, dizendo: Ao nosso
Deus, que se assenta no trono, e ao Divino Cordeiro
pertence a salvação.
11 E todos os Anjos estavam de pé em derredor do
trono, e dos anciãos, e dos quatro seres viventes: e
ante o trono se prostraram sobre os seus rostos e ado-
raram a Deus,
12 dizendo: Amém. Bênção e claridade, e o louvor,
e a glória, e a sabedoria, e ações de graça, e a honra,
e o poder, e a fortaleza sejam ao nosso Deus, pelos
séculos dos séculos. Amém!

---

[10] **Cordeiro de Deus** — Jesus, o Cristo Ecumênico, o Divino Estadista.

13 *Um dos anciãos tomou da palavra, dizendo: Es-*
tes que trajam vestiduras brancas quem são e de onde
vieram?
14 *Respondi-lhe: Meu Senhor, Tu o sabes. Ele, en-*
tão, me disse: ***São estes os que vêm da grande tri-***
bulação, que lavaram suas vestiduras e as alve-
jaram no sangue de Cristo Jesus,
15 *razão por que se acham diante do trono de Deus*
e O servem de dia e de noite no Seu Templo; e Aquele
que se acha sentado no trono ***estenderá sobre eles o***
Seu tabernáculo, e habitará sobre eles.
16 *Jamais terão fome, nunca mais terão sede, não*
cairá sobre eles o sol, nem ardor algum,
17 ***pois o Cordeiro de Deus*** *que se encontra no*
meio do trono ***os apascentará e os guiará*** *para as*
fontes da água da vida. ***E Deus lhes enxugará dos***
olhos toda lágrima.

"A Visão dos Glorificados" **é uma mensagem de Esperança sem limites.**

Só nos cabe, portanto, desenvolver a **dessectarização do Cristo** a fim de alcançarmos a **universalização do pensamento Dele**, e consequentemente a **dessectarização do Cristianismo**, para atingirmos assim a sua **universalização**, pela sublime sintonia com Ele, Jesus, o Magnânimo Cidadão do Espírito e Estadista Celeste. Muito oportuna esta reflexão do saudoso amigo, presidente da Academia Brasileira de Letras (ABL), **Austregésilo de Athayde** (1898-1993):

— *A verdadeira religião ensina, orienta, edifica, porém não ameaça. A infinita bondade de Deus não pode ser clava mortal para os pecadores.*

Eis o propósito do trabalho da Religião do Amor Universal, com a sua abrangente concepção de Ecumenismo firmada em seus Quatro Pilares[11], cujo alicerce está na Cruzada de Religiões Irmanadas, que o radialista Alziro Zarur criou em 7 de janeiro de 1950, **lançando desse modo as bases do relacionamento inter-religioso no mundo**[12]**, fundamentado no Novo Mandamento de Jesus.** E realmente vivemos o tempo desse ideal de Solidariedade, pois que, na década seguinte, o Concílio Ecumênico Vaticano II, nascido da coragem e da genialidade do papa **João XXIII** (1881-1963) — que dissera ter tido uma iluminação do Espírito Santo —, trouxe considerável avanço nesse campo.

A libertação da criatura está no conhecimento espiritualizado. Tudo nasce do Mundo Invisível, **até**

[11] **Quatro Pilares do Ecumenismo** — Leia as *Sagradas Diretrizes Espirituais da Religião de Deus, do Cristo e do Espírito Santo* (1987), volume 1.

[12] **Relacionamento inter-religioso no mundo** — Esse trabalho foi reconhecido pelo papa **Paulo VI** (1897-1978) que, por intermédio do núncio apostólico do Brasil, dom **Sebastião Baggio** (1913-1993), condecorou Alziro Zarur com medalha *"por serviços prestados à causa do Ecumenismo"*.

mesmo a nossa existência corporal. E essa certeza nos leva ao Ecumenismo das Almas, dos Corações, o qual une, sem fronteiras, os seres humanos da Terra e estes aos Espíritos que estão no Céu da Terra, na luta por socorrer os necessitados com o lenitivo material, para o corpo, e com o Amor Fraterno, para agasalhar a essência espiritual que os habita. Repito: somos, antes de tudo, Espírito.

Espíritos do Céu e da Terra

Eles existem. Contudo, é basilar que não nos esqueçamos de que se apresentam em várias categorias, dos mais atrasados aos mais elevados, como reconhece Paulo Apóstolo, na Primeira Epístola aos Coríntios, 15:40:

> — *E há corpos celestes e corpos terrestres, mas uma é a glória dos celestes e outra a dos terrestres.*

Divindade e Humanidade

Admito a Divindade do Cristo, mas me comovo com a Humanidade de Jesus.

Cristianismo do Cristo: urgente vivência universal

Em uma de minhas preleções, constante da série radiofônica "Atos dos Apóstolos de Jesus", em 9 de abril de 2002, terça-feira, diretamente do Rio Grande do Sul, Brasil, explicava, mais uma vez, que **a Volta Triunfal do Sublime Estadista** representa um evento extraordinário e **vai muito além do significado literal**[13]. Afirmei, na ocasião, que se trata do **fato mais importante da História da humanidade**. Todas as nações da Terra, todos os povos e tribos assistirão a esse acontecimento, conforme descrito no Apocalipse do Cristo, 1:7:

> — ***Eis que Jesus vem*** *com as nuvens, e* ***todos os olhos O contemplarão****, até mesmo aqueles que O traspassaram. E todas as nações da Terra se lamentarão sobre Ele. Sim. Amém!*

Então, que cada um faça a sua parte, apresente a sua contribuição fiel para que **naquele dia** possamos

---

[13] Leia mais sobre o assunto em *As Profecias sem Mistério* (1998), no capítulo "As Raízes Espirituais de uma Política Superior", subtítulo "A Volta de Jesus sobre as nuvens vai muito além do significado literal".

fitar os olhos do Cristo de Deus sem baixar as nossas cabeças, como propunha Alziro Zarur. Os que acreditam na Sua palavra e labutam pela Sua Volta Majestosa vão levando essa tocha por todos os setores da vida humana. Espalham, dessa maneira, a Sua luminosidade nos campos do saber. Sejam eles da Religião, da Filosofia, da Política, da Ciência, da Economia, da Arte, dos Esportes, de maneiras tão diferentes, inusitadas mesmo, que somente o Pai e o Filho conhecem. Os caminhos do Misericordioso Mestre são abertos de inúmeras formas, sob as bênçãos do Seu Santo Evangelho e do Seu Apocalipse Redentor. Ele possui mecanismos que ignoramos, mas que funcionam porque Ele sabe o que faz: **o Governo da Terra começa no Céu**.

O Mahatma (Grande Alma) — título que traduz o respeito e a admiração do povo indiano por **Mohandas Karamchand Gandhi** (1869-1948), que liderou a emancipação de seu país e lutou por pacificar os diversos grupos étnicos e religiosos que ali conviviam — corrobora esse pensamento abrangente acerca das fraternas lições do Divino Amigo. Daí o ensejo que tenho em transcrever trecho do livro *Gandhi*, de autoria do historiador norte-americano **Louis Fischer** (1896-1970), no qual demonstra quão possível (e urgente) é a vivência do Cristianismo do Cristo por todas as criaturas humanas. Relata Fischer:

Gandhi evitava o estabelecimento de rivalidades entre religiões. Em 1942, quando eu era hóspede de sua casa, ***notei a única decoração que havia nas paredes*** *de barro da sua pequena* ***choupana****: uma* ***estampa*** *em branco e preto* ***de Jesus Cristo****, sob a qual estava* ***escrito: "Ele é nossa Paz"****. Perguntei--lhe o que significava aquilo. E disse-lhe, "Você não é cristão".*

"Eu sou cristão, hindu, muçulmano e judeu", respondeu Gandhi. E isso fazia dele um cristão melhor do que a maior parte dos cristãos.

Gandhi apresentava um problema desconcertante aos teólogos cristãos da Índia: ***Ele, um hindu, era a pessoa mais semelhante a Cristo do mundo.*** *"E, por conseguinte", comentava o dr. E. Stanley Jones, preeminente missionário norte-americano, que passara muitos anos na Índia e muitas horas em comunhão com Gandhi, "um dos homens mais parecidos com Cristo da história não era de forma alguma chamado cristão".*

"Deus"*, declarou o dr. Stanley Jones,* ***"faz uso de muitos instrumentos; e Ele pode ter recorrido ao Mahatma Gandhi para cristianizar a cristandade não cristã"****. A mensagem de Gandhi aos cristãos, por toda parte, é a de que o homem do século 20 pode ser cristão.*

(Os destaques são meus.)

O já citado crítico literário e pensador católico Tristão de Athayde traz contribuição ao tema, em inspirada análise:

> — *A fé não é um descanso, a Verdade não é um prêmio de loteria que o sujeito ganha e pronto, passa a viver em água fresca e sombra. Não, a Verdade é uma responsabilidade. (...) O cristianismo é uma passagem de uma promessa do Messias para a realização dessa promessa através da vivência no tempo e uma revelação do que é realmente o sentido da vida e que o Cristo é o sentido do amor, da amizade, da fraternidade. Então o cristianismo é o sentido de que se encontrou alguma coisa, mas que este encontro não é um descanso, mas uma responsabilidade nova.*

Isso reforça que **não podemos acomodar o Cristianismo em apenas um**, ainda que louvável, **segmento da sociedade**. Portanto, **é imperioso espargir a luz do Cristo** e de Seus ensinamentos **a todos os corações** sequiosos por paz.

As crenças são moradas de Deus para as criaturas

É do ilustre protestante **Paulo Seippel** a seguinte conclusão:

> — *O que há de mais íntimo na fé religiosa sempre escapa ao nosso julgamento.*

Em diversos versículos do Evangelho-Apocalipse de Jesus[14], encontramos o Ecumenismo em prática. Recorro novamente ao capítulo sétimo do Livro das Profecias Finais, o Apocalipse, em que é descrita *"A Visão dos Glorificados"*:

> 9 *Depois destas coisas, olhei, e eis* ***grande multidão que ninguém podia enumerar, de todas as nações, tribos, povos e línguas, em pé diante do trono e diante do Cordeiro de Deus****, trajando vestiduras brancas, com palmas nas suas mãos;*

---

14 <u>**Nota de Paiva Netto**</u>
Evangelho-Apocalipse de Jesus — Assim reunidos e chamados por Alziro Zarur (1914-1979), proclamador da Religião de Deus, do Cristo e do Espírito Santo.

> [10] *e clamava com grande voz, dizendo: Ao nosso Deus, que se assenta no trono, e ao Divino Cordeiro pertence a salvação.*
>
> (Apocalipse, 7:9 e 10)

Em 21 de agosto de 1997, quinta-feira, em São Paulo/SP, Brasil, durante Cruzada do Novo Mandamento de Jesus no Lar, transmitida pela Super Rede Boa Vontade de Rádio e hoje também pelo Boa Vontade *Play*[15], para o nosso país e para o exterior, destaquei: essa passagem bíblica diz respeito a todos aqueles que, na humanidade e nas crenças — porque Deus é um só e apascenta todos os seres espirituais e humanos —, estarão reunidos, serão chamados, convocados mesmo, e muitos aceitarão esse convite, pois o Supremo Criador dos Universos respeita o livre-arbítrio de cada um. E quando Jesus revela:

> — *Na Casa de meu Pai* ***há muitas moradas****. Se assim não fosse, Eu vos teria dito, pois vou preparar-vos lugar* (Evangelho, segundo João, 14:2),

o Divino Mestre convida também ao raciocínio de que **todas as crenças do mundo são, de certa forma, mo-**

[15] **Boa Vontade *Play*** — Baixe o aplicativo pela loja do seu *smartphone* ou *tablet*.

radas de Deus para as criaturas[16]**, conforme a evolução e a sensibilidade individual.**

Só um pai desnaturado permitiria que seus filhos vivessem no abandono. E o que até agora nos parece falta de atenção aos destinos de um único deles ou a de multidões incontáveis é resultado do desconhecimento — que ainda campeia pelo planeta — a respeito do desempenho de Suas Leis Eternas, com as quais impulsiona o Cosmos[17].

Portanto, **as muralhas que isolam os seres humanos precisam ser derribadas**. Trata-se de um aspecto marcante da nova globalização. Aliás, **a maior Caridade é a mundialização do Amor Fraterno**, da Solidariedade Espiritual e Social. Esse é o nosso norte! Essa é a bandeira que nos honra como cidadãos planetários que somos! **A nossa verdadeira cidadania começa no Mundo Espiritual Elevado. Nós a recebemos de**

---

[16] **Nota de Paiva Netto**

"*Toda a humanidade é cristã*", escreveu Alziro Zarur (1914-1979). Contudo, que Cristianismo é esse de que tratará a Academia Jesus, o Cristo Ecumênico, o Divino Estadista, que fundei em 1º de fevereiro de 2007? Ela tem o objetivo de, por meio da produção de conhecimento universal, isto é, divino e humano, dessectarizar a maneira como alguns veem o Cristo de Deus e o Cristianismo, ou seja, cabe a ela demonstrar a influência e a aplicabilidade dos ensinamentos ecumênicos e eternos do Acadêmico Celeste em todos os campos do saber espiritual-humano, apresentando-O de forma abrangente, fraterna e irrefragável à humanidade.

[17] Paiva Netto, neste livro e em outros de sua autoria, traz explicações acerca do tema, a exemplo de *Jesus, a Dor e a origem de Sua Autoridade — O Poder do Cristo em nós* (2014), no subtítulo "Jesus, o Divino Referencial".

Deus e de Nosso Senhor Jesus Cristo, o Divino Estadista da humanidade!

"*A Visão dos Glorificados*" (capítulo sétimo do Apocalipse) é uma mensagem de Esperança sem limites. (...) Essa passagem bíblica diz respeito a todos aqueles que, na humanidade e nas crenças – porque Deus é um só e apascenta todos os seres espirituais e humanos –, estarão reunidos, serão chamados, convocados mesmo, e muitos aceitarão esse convite, pois o Supremo Criador dos Universos respeita o livre-arbítrio de cada um.

"Toda a humanidade é cristã"

Diante do que foi apresentado anteriormente, é oportuno recordar as palavras do saudoso Irmão Alziro Zarur, proclamador da Religião de Deus, do Cristo e do Espírito Santo, em 7 de setembro de 1959, na cidade de Campinas/SP, Brasil. Naquele ano, ele fez a Revelação do Novo Mandamento de Jesus, demonstrando ainda o Sentido Oculto e o Sentido Prático da Ordem Suprema do Cristo, algo inovador para os povos e que — somente com Alma liberta e, portanto, antissectária — poderemos compreender e vivenciar:

O Sentido Oculto do Mandamento Novo do Cristo

Todas as criaturas da Terra são naturalmente cristãs, *saibam ou não saibam, queiram ou não queiram, até mesmo aquelas que assim não se consideram, por se encontrarem nos diversos graus da evolução espiritual.* ***Há tantas religiões quantos são os graus de entendimento espiritual dos homens, conforme a soma de suas encarnações. Todas as criaturas e todas as religiões são consequentemente cristãs,*** *porque Jesus, o Cristo, por determinação de Deus, é o Fundador e Supremo*

Governante deste planeta que habitamos, como se lê no Seu Evangelho, segundo João, capítulo primeiro, versículos de 1 a 3:

— No princípio era o Verbo, e o Verbo estava com Deus, e o Verbo era Deus. O mundo (o planeta Terra) foi feito por Ele. Tudo foi feito por Ele. Nada do que se fez foi feito sem Ele, Cristo Jesus!

O Sentido Prático do Novo Mandamento

Ou as religiões [e os outros movimentos espiritualistas] *se unem e se irmanam, em nome de Deus, ou o materialismo ateu as devora, à proporção que elas se combatem e se destroem, fortalecendo seu inimigo mortal, que nega a existência de Deus e a imortalidade da Alma.*

Com base nessa ampla visão e em sua Cruzada de Religiões Irmanadas, lançada a 7 de janeiro de 1950, Zarur a tantos se antecipou ao pregar a Democracia Religiosa.

Quando ele trouxe a tese de que ***"toda a humanidade é cristã"*, o que isso significaria**? Essa percepção do saudoso proclamador do Mandamento Novo de Jesus — *"Amai-vos como Eu vos amei. Somente assim podereis ser reconhecidos como meus discípulos"* (Evangelho, segundo João, 13:34 e 35) — é tão avançada que a maioria, até hoje, passadas décadas e décadas, não a assimilou completamente. **Seria uma afronta à pluralidade religiosa no mundo? Um combate aos Irmãos ateus?** Evidentemente que **não**, pois **nenhuma acepção separatista e condenatória sequer encontra respaldo no pensamento fraterno e ecumênico do fundador da LBV**.

Numa pregação do Apocalipse de Jesus para os Simples de Coração, pela Super Rede Boa Vontade de Rádio, em 8 de janeiro de 1992, explanei sobre esta afirmativa:

***"Toda a humanidade é cristã"* refere-se ao sentido de Irmandade, de Compreensão, de Fraternidade, isto é, de Cidadania Espiritual Ecumênico-Planetária**, em que o mundo inteiro se entenda ou procure entender-se.

> — *Mas, Paiva, isso é uma loucura, isso vai demorar muito tempo!*,

alguém exclama apressadamente.

Pode levar mil anos ou mais, porém um dia será assim. O tempo dependerá de nosso amadurecimento, pessoal e coletivo. Ou será que a humanidade está fadada a não evoluir? Fala-se muito em **livre-arbítrio**, contudo tanta gente, quando pensa nesse **atributo divino**, lembra-se dele só para usá-lo mal. Depois, se arrepende:

> — *O que eu fui fazer da minha vida?*

A multidão (acima, vista parcialmente) saúda Alziro Zarur, a 7 de setembro de 1959, no antigo Hipódromo do Bonfim, em Campinas/SP – hoje Praça Legião da Boa Vontade –, durante a Proclamação do Novo Mandamento de Jesus.

Que tal usarmos o nosso livre-arbítrio para o Bem? Leiam, por favor, o capítulo "Deus, livre-arbítrio relativo e responsabilidade", constante de meu livro *Os mortos não morrem* (2018).

***"Toda a humanidade é cristã"*: é aquela Sociedade Ecumênica, porque Jesus não pertence a Religião alguma. Ele paira acima de todas elas; é o amplo e heterogêneo conjunto de pessoas em que a Solidariedade Espiritual, Humana e Social seja a regra verdadeira de convivência entre as nações.** É a Sociedade Solidária Altruística Ecumênica, que pregamos há tantos e tantos anos aqui. Nela, nos unimos pelo bem comum, pela sobrevivência do planeta, para mitigar o sofrimento da sagrada criatura espiritual-humana, a despeito de crenças e descrenças. Chega de ódios, intolerâncias e fundamentalismos. É bom pensarmos nisso.

Convém reforçar o que expusemos nas páginas anteriores: **vemos Jesus sem sectarismo**. Daí Zarur nos perguntar conscienciosamente em seu "Poema do Deus Divino":

> — *Que religião instituiu Jesus,/ Senão a eterna Religião do Bem?*

E é isso que desejamos, quaisquer que sejam as convicções de todos, incluindo os que não professam fé alguma, porque também de Deus são filhos, isto é, necessitam do Amor Fraterno. Escrevi para a *Folha de S.Paulo*, em 9 de agosto de 1987, que não se pode eternamente impedir a manifestação daquilo que nasce com o indivíduo, mesmo quando ateu: **o sentido de religiosidade, que se expressa das mais variadas formas altruísticas.**

* * *

Meditemos sobre importante passagem da Primeira Epístola do Apóstolo Pedro, 1:17 a 21:

> 17 *Ora, se invocais por Pai aquele que,* ***sem acepção de pessoas****, julga segundo as obras de cada um,*

portai-vos com temor durante o tempo da vossa pe-
regrinação,
18 *sabendo que não foi mediante coisas corruptí-*
veis, como prata ou ouro, que fostes resgatados da
vossa vã maneira de viver que, por tradição, recebes-
tes dos vossos pais,
19 *mas pelo precioso sangue, como de cordeiro sem*
defeito e sem mácula, o sangue do Cristo,
20 *o qual, na verdade, em outro tempo, foi conhe-*
cido, ***ainda antes da fundação do mundo****, mas*
manifestado, nestes últimos tempos, por amor de vós;
21 *e, por Ele, credes em Deus, que O ressuscitou dos*
mortos e Lhe deu glória, para que a vossa fé e espe-
rança estejam em Deus.

Jesus não pertence nem mesmo aos chamados cristãos, pois, se Ele existia *"antes da fundação do mundo"* (Primeira Epístola de Pedro, 1:20), **já vivia anteriormente às religiões e às instituições de fé**, incluído o cristianismo dos homens, porquanto elas vieram muitíssimo depois Dele. Razão por que, no tocante ao Cristianismo (com inicial maiúscula) do Cristo, jamais criação dos seres terrestres, toda a humanidade é **CRISTÃ**, de um Cristianismo Total, desconhecido em grande parte, porque ainda se está revelando.

EDUCAÇÃO

Inteligência do sentimento

É preciso unir à inteligência do cérebro a do coração. Eis aí um dos fundamentos da Pedagogia do Afeto e da Pedagogia do Cidadão Ecumênico[1], que alia razão e sentimento pelo prisma universalista do Mandamento Novo de Jesus dessectarizado, livre de senhores, por mais notáveis e dignos que sejam. Ainda que mereçam o nosso respeito, o Libertador Divino não pode ser cativo de ninguém. Ele mesmo afirmou:

> — *O discípulo não está acima do seu mestre; todo aquele, porém, que for bem instruído será como o seu mestre* (Evangelho, segundo Lucas, 6:40).

[1] **Pedagogia do Afeto e Pedagogia do Cidadão Ecumênico** — Vanguardeira proposta pedagógica criada por Paiva Netto, que apresenta um modelo novo de aprendizado, tendo por base a Espiritualidade Ecumênica, aliando coração e intelecto. Essa linha educacional é aplicada com sucesso na rede de ensino e nos programas socioeducacionais desenvolvidos pela Legião da Boa Vontade. Ambas *"fundamentam-se nos valores oriundos do Amor Fraterno, trazido à Terra por diversos luminares, destacadamente Jesus, o Cristo Ecumênico, o Divino Estadista"*, conforme afirma o educador Paiva Netto. Na Pedagogia do Afeto, o enfoque é sobre as crianças de até os 10 anos de idade, e a Pedagogia do Cidadão Ecumênico é direcionada à educação de adolescentes e adultos. Na entrada das escolas da LBV, encontra-se exposto este pensamento de Paiva Netto: ***"Aqui se estuda. Formam-se cérebro e coração"***.

Ceticismo e fanatismo

Há respeitáveis pensadores que fazem muita questão de ser absolutamente racionais, como se a razão fosse "cláusula pétrea", *ipso facto*, estabelecida como fator irremovível no espaço-tempo, em suma, um verdadeiro dogma. E mais: parecem idealizar a racionalidade como fenômeno único e singular, diretamente proporcional ao nível de descrença do indivíduo. Todavia, conforme escrevi em *Reflexões da Alma* (2003), **o ceticismo excessivo**[2] **é o correspondente intelectual ao fanatismo religioso**. Lembremo-nos do ensinamento de **Aristóteles** (384-322 a.C.):

> — *In medio virtus est* (A virtude se encontra no equilíbrio).

E destes versos que o saudoso Irmão Zarur eternizou em seu poema "Para a frente e para o alto":

> — *Atingir o equilíbrio é a meta suprema. O Bem nunca será vencido pelo mal.*

---

[2] Na página 123, Paiva Netto apresenta outro pensamento seu que vem ao encontro desse raciocínio: *"O destino da Ciência convencional é o de ser a todo momento reavaliada"*.

Medicamentos para o Espírito e o intelecto

É urgente difundir a Pedagogia do Afeto — portanto, do Amor, ou seja, da Caridade — e a Pedagogia do Cidadão Ecumênico, ambas suplementares e imprescindíveis ao sustento da Alma. Trata-se de medicamentos energéticos para a cura de enfermidades, a começar pelas psíquicas, que prejudicam a absorção das lições necessárias ao enriquecimento ecumênico-espiritual, moral e intelectual dos estudantes. Esses não constituem apenas os que frequentam as escolas, porque **a vida é constante busca do saber. O bom gosto da vida é o aprendizado infinito.**

Explanei em 3 de julho de 2010, no 35º Fórum Internacional do Jovem Ecumênico da Boa Vontade de Deus, sobre o papel fundamental da integração Espírito-matéria na **Pedagogia do Cidadão do Espírito**:

Fazer **prece** (que se assemelha a **meditar**) estabelece um entrelaçamento entre a Terra e o Céu, uma interação de Paz, de Fraternidade, de Solidariedade, de sentimento de Compaixão uns pelos outros na hora da dor e da alegria, a despeito de crença ou descrença. Não se ora somente quando nos ajoelhamos de corpo ou Espírito diante do Poder Superior. Mas, sobretudo, quando nos amamos uns aos outros tanto quanto Jesus nos tem amado, quanto Moisés amou, quanto o Profeta Muhammad amou, quanto Buda amou, quanto Lao--tsé amou, quanto Confúcio amou, quanto Zaratustra amou; e também quanto incontáveis missionários de Deus, que trouxeram à Terra uma mensagem de Paz, de Misericórdia, de Conhecimento, de Fraternidade. E o mundo precisa tanto disso para sobreviver! Eis por que é vital que haja forte atenção à **disciplina além do intelecto** (só a razão humana não basta), conforme propõem a Pedagogia do Afeto e a Pedagogia do Cidadão Ecumênico. Elas representam o **encontro com Deus**, o Criador Supremo, por meio de Suas criaturas, Cidadãs do Espírito. Do contrário, nada adianta, pois acabaremos por nos estorricar, encarnando a profecia de Pedro Apóstolo, em sua Segunda Epístola, 3:8 a 13. Ao responder a alguns escarnecedores que julgavam demorado o retorno do Divino Mestre Jesus, que prometera voltar ao Terceiro Dia, o príncipe dos Apóstolos lança esta advertência:

> [8] *Mas, amados, não ignoreis uma coisa: que um dia, para o Senhor, é como mil anos, e mil anos, como o dia que já passou.*
> [9] *O Senhor não retarda a Sua promessa, ainda que alguns a tenham por tardia; pelo contrário, Ele é longânimo para conosco,* ***não querendo que al-***

guns se percam, senão que todos venham a arrepender-se.

[10] *Virá, entretanto, o Dia do Senhor como o ladrão de noite, no qual* ***os céus passarão com grande estrondo, e os elementos, ardendo, se desfarão; também a terra e as obras que nela existem serão atingidas****.*

[11] *Visto que todas essas coisas serão assim desfeitas, vivei em santo procedimento e piedade,*

[12] ***esperando e apressando a vinda desse Dia do Senhor****, por causa do qual os céus, incendiados, se desfarão, e os elementos abrasados se derreterão.*

[13] *Nós, porém, segundo a Sua promessa, esperamos* ***Novos Céus e Nova Terra****, nos quais habitará a* ***Justiça de Deus****.*

Amém! Eis aí! A humanidade é teimosa e sempre sobrevive aos seus mais enlouquecidos tempos e comandantes.

Quanto ao fato de ter eu afirmado que fazer **prece** assemelha-se a **meditar**, significa dizer que um Irmão ateu, quando medita ou pratica um ato que beneficia a coletividade, está orando. Por isso, **ninguém está excluído desse celeste benefício**.

Pedagogia de Deus

Eu te instruirei e te ensinarei o caminho que deves seguir; e te guiarei com os meus olhos.
(Livro dos Salmos, 32:8)

A Educação existe para libertar os povos. Mas, com a indispensável **Espiritualidade Ecumênica**, os sublima. Eis a Pedagogia de Deus, que prepara o indivíduo para viver a Cidadania Espiritual, Altruística, Ecumênica e Planetária, alicerçada no exercício pleno da Solidariedade, da Fraternidade e da Generosidade.

Ulysses Guimarães (1916-1992), eminente político brasileiro, traduz a necessidade do ensino ao declarar, em seu discurso proferido a 3 de fevereiro de 1987, após ter sido eleito presidente da Assembleia Nacional Constituinte:

— *"Conhecer é ser livre", dizia um dos grandes apóstolos da América, José Martí. (...) Não há um só exemplo de nação forte sem bom sistema de educação.*

Quanto à Pedagogia de Deus, ela foi antevista por Alziro Zarur (1914-1979) nos anos 1950 e propõe a

educação e a reeducação do Espírito Eterno do ser humano firmadas em

> — *Jesus, o Grande Educador dos Povos,*

na definição do criador da LBV. Zarur também atestou:

> — *O Novo Mandamento de Jesus* — "Amai-vos como Eu vos amei" — *é a Essência de Deus.*

Justamente por isso, afirmo, o Mandamento Novo do Cristo é a Essência da Pedagogia de Deus. Não há nada mais ilustrativo que o Amor Fraterno, isto é, a vivência do espírito da Caridade, pois este sim vence qualquer empecilho e barreira, por maiores que sejam. Zarur ensinava que

> ***— Deus criou o ser humano de tal forma que ele só pode ser feliz praticando o Bem.***

O Cristo, que é ecumênico por excelência, veio pessoalmente há dois mil anos exemplificar isso. E exercitar a Ordem Suprema de Jesus implica a capacidade de dedicar-se ao próximo, mesmo àqueles que possam considerar-se nossos inimigos. Assim, aprendemos, sem insidiosa conivência com o erro, a conviver e, amando — a Verdade, a Fraternidade e a Justiça —, a edificar a Paz.

Não foi sem razão que o Sublime Pedagogo nos recordou esta esperançosa profecia anotada por Isaías:

> — *Está escrito nos Profetas:* ***E serão todos ensinados por Deus***[3]. *Todo aquele que do Pai tem ouvido e aprendido, esse vem a mim* (Evangelho, segundo João, 6:45).

Usando a inteligência

Não é a inteligência que distingue o ser humano dentre os seus semelhantes, mas o uso que faz dela: eis aí a sabedoria, a mediocridade ou a insensatez.

[3] Isaías, 54:13.

Povo liberto

Um povo educado, ou melhor, reeducado na Fraternidade Ecumênica é uma grei liberta. É essencial ao progresso das massas populares que elas cresçam cada vez mais instruídas, educadas e espiritualizadas, pois, sem Amor e espírito solidário, não poderá haver qualquer sociedade em paz, portanto, com o ingresso a uma vida digna e mais auspiciosa, material e moralmente falando.

Malcolm X (1925-1965), islâmico, um dos grandes líderes negros norte-americanos, ao suplantar as contrariedades de sua inicialmente violenta e, por todo o percurso, sofrida existência, concluiu:

> — *As únicas pessoas que realmente mudaram a história foram as que mudaram o pensamento dos homens acerca de si mesmos.*

Seu exemplo aqui é corroborado por suas atitudes. Ele mesmo, ao viajar a Meca, percebeu que era possível conviver com pessoas de diferentes origens, opostamente ao que pensava. Ao voltar aos Estados Unidos, passou, para surpresa de muitos, a dirigir-se não só aos afrodescendentes, mas, sim, às diversas etnias, algo que o notável pastor norte-americano Martin Luther King Jr., líder carismático, já compreendera e praticava.

Alziro Zarur proclamava que

— *governar é ensinar cada um a governar a si mesmo.*

O jornalista e poeta cearense **Paula Nei** (1858-1897), muitas vezes injustamente lembrado apenas pela sua vida boêmia no Rio de Janeiro da *belle époque*[4], provou, contudo, entre outras qualidades, ser um ardoroso defensor do fim da escravidão no Brasil. Escreveu o seguinte, em carta de 10 de janeiro de 1881, endereçada aos fundadores da Sociedade Cearense Libertadora e publicada na seção "Página do Povo" do jornal *Libertador*, editado em Fortaleza/CE:

— *No seio da sociedade "Dezenove de Outubro", quando me dirigia àqueles colegas que comigo trabalhavam para a comemoração de uma data gloriosa na vida da mocidade cearense estudiosa, entendia, e repetia até, com demasiada insistência, que nenhum ato poderia mais e melhor significar nossas homenagens ardentes e nossas admirações sinceras por um dia tão faustoso, do que livrar das cadeias da ignóbil*

[4] ***Belle époque*** — Ao citar o poeta Francisco de Paula Nei, seu nome completo, o autor se refere ao período de cultura cosmopolita na Europa, entre 1871 e 1914, que percorreu a vida carioca, influenciando-a.

escravidão um indivíduo qualquer, que, transformado em cidadão no dia seguinte, e mais tarde educado no conhecimento dos seus direitos e dos seus deveres, pudesse auxiliar e honrar a sociedade com as luzes do seu espírito.

Em 1980, assegurei que a verdadeira alforria do ser humano ou, avançando ainda mais, do Espírito Imortal do indivíduo será aquela fortalecida pela cultura do respeito mútuo, cuja riqueza consiste na multiplicidade de ideias em favor da harmonia entre todos. E reitero: não há outro caminho que não seja o da Instrução e da Educação, iluminadas pelo sentido da Espiritualidade Ecumênica, que é Amor e Justiça, Ciência e Amor, para todas as etnias. Não nos esqueçamos ainda de que **a boa saúde, física e da mente, é fundamental à conquista, por exemplo, de um bom emprego. Libertar-se significa ter, acima de tudo, discernimento espiritual.**

Pedro Apóstolo nos enche o Espírito da Sabedoria Divina ao nos conclamar, em sua Segunda Carta, 1:2 a 8:

Crescendo no Conhecimento de Deus

2 Graça e paz lhes sejam multiplicadas, pelo pleno Conhecimento de Deus e de Jesus, nosso Senhor.

3 Seu Divino Poder nos deu tudo de que necessitamos para a vida e para a piedade, por meio do pleno

Conhecimento Daquele que nos chamou para a Sua
própria glória e virtude.
4 *Dessa maneira,* ***Ele nos deu*** *as Suas grandiosas*
e ***preciosas promessas, para que*** *por elas* ***vocês se***
tornassem coparticipantes da Natureza Divina
e fugissem da corrupção que há no mundo, causada
pela cobiça.
5 *Por isso mesmo, empenhem-se para acrescentar à*
sua fé a virtude; à virtude o conhecimento;
6 *ao conhecimento o domínio próprio; ao domínio*
próprio a perseverança; à perseverança a piedade;
7 *à piedade a fraternidade; e à fraternidade o amor.*
8 *Porque, se* ***essas qualidades*** *existirem e estive-*
rem crescendo em sua vida, elas ***impedirão que vo-***
cês sejam inoperantes e improdutivos *no pleno*
conhecimento de Nosso Senhor Jesus Cristo.

Que assim seja!

Observaram bem, ó Cidadãos do Espírito?!

Não queiramos ser nós "*inoperantes e improdutivos no* ***pleno conhecimento*** *de Nosso Senhor Jesus Cristo*". Por isso, eduquemos em nós essas **qualidades da Alma espiritualmente esclarecida**.

Razão e estômago

A sabedoria antiga ensina que a Razão se perde quando as paredes do estômago se encontram.

Mais vetusta ainda é a conclusão bimilenar do poeta latino Virgílio:

— *A fome é má conselheira.*

Porém, tanto essa admoestação quanto a que foi feita por **Cícero** (106-43 a.C.) — outro erudito de Roma e contemporâneo do autor de *Eneida* — muita gente não aprendeu até agora. Dizia o eloquente cônsul:

— *A História é a mestra da Vida.*

Esse é um dos motivos pelos quais, de vez em quando, pipocam pela existência dos povos menosprezados revoltas e sublevações, a exemplo da Revolução Francesa (1789) e da Revolução Russa (1917).

Ir além da capacidade

Há décadas pondero sobre o fato de que existem pessoas que rebaixam as grandes ideias às contingências de suas capacidades de entendimento restrito. E aí reside a decadência de muitas aspirações elevadas, ou o retardamento doloroso de seu triunfo. A conhecida expressão

> — *Natura non facit saltum* (a Natureza não dá saltos),

de **Leibniz** (1646-1716), continua válida. Pelo mesmo raciocínio, podemos concluir: *humanitas non facit saltum* (a humanidade não dá saltos). O que não significa que não se avance, com firmeza, em direção ao Bem, apressando a passagem do tempo (Segunda Epístola de Pedro, 3:12)[5], pois **todas as vitórias estão decididamente ao nosso alcance pela força do nosso próprio e valoroso trabalho.**

---

[5] Leia a transcrição do referido trecho bíblico no subtítulo "Medicamentos para o Espírito e o intelecto", p. 161.

Criatividade Divina

Costumo dizer que **dificuldade promove criatividade.** Busquemos, pois, aliar a arte da inovação, concedida por Deus, aos ensinamentos eternos do Santo Evangelho-Apocalipse de Jesus. É aconselhável que, em todos os momentos, os fatos da vida, pessoal ou coletiva, sejam analisados e vividos em Espírito e Verdade, pelo prisma do Novo Mandamento do Cristo Ecumênico, o Excelso Estadista (Boa Nova, segundo João, 13:34 e 35). Dessa maneira, mais aptos estaremos para encontrar — por intermédio de nossa sintonia com o Mundo Espiritual Superior e com base na vivência dos valores universais revelados pelo Supremo Administrador do planeta — soluções práticas a serem revertidas em eloquentes resultados, conforme exijo das minhas competentes equipes de trabalho nas Instituições da Boa Vontade[6].

* * *

[6] **Instituições da Boa Vontade** — Formadas pela Legião da Boa Vontade (LBV); pela Religião de Deus, do Cristo e do Espírito Santo; pela Fundação José de Paiva Netto; pela Fundação Boa Vontade; e pela Associação Educacional Boa Vontade.

Vale considerar a recomendação de **Robert Herbold**, que durante oito anos foi o principal executivo de operações da Microsoft:

> — *O problema que acomete muitas equipes criativas é que elas seguem várias coisas e mantém muitas ideias vivas. (...) Um punhado de reuniões faria com que as ideias únicas fossem diminuídas a ideias medianas. Pois o que grupos de pessoas fazem é pegar ideias únicas e tentar adaptá-las para torná-las totalmente aceitáveis para todo o grupo. (...) O que cria a mediocridade. As equipes existem para melhorar os processos. (...)*

Tomem nota deste pensamento que proferi há décadas: **Administrar é chegar antes**.

A instrução do intelecto não é suficiente para formar o verdadeiro cidadão do terceiro milênio, que tem... mil anos para desenvolver uma Era Espiritual Civilizada nova. Ao cérebro deve-se juntar o coração.

Intuição do Bem

A **Intuição do Bem** constitui, em nós, **a razão do próprio Criador**. Por isso, oportuna é a advertência do Livro dos Provérbios, 29:18:

— *Quando já não existem profecias, o povo desagrega-se.*

Eis por que não podemos contribuir, de forma alguma, para que as nações se afastem de Deus, quando entendido como Amor (Primeira Epístola de João, 4:8). **O Pai Celestial é Fonte Inesgotável de Boas Inspirações.**

Falar com sentimento

Quando se fala com bom senso e sentimento bom, é bem difícil perder-se a razão.

Razão e coração

A razão humana não é tudo. Às vezes, o coração é capaz de assimilar as coisas com maior rapidez e profundidade. **Razão sem coração é capengante.**

O coração sem a razão bastas vezes se perde.

Deveras oportuno é o discorrer do escritor português **Antero de Figueiredo** (1866-1953) sobre essa questão:

> — *O orgulho é o caminho do erro; a humildade, o caminho da verdade. Quem diz "sei", ignora; quem julga que nada sabe, começa a entrever clarões da ciência. Na vida moral (diz o Evangelho) os humildes verão Deus. (...)* ***Jesus não revolucionou o mundo apenas pelo pensamento, mas pelo sentimento. (...) Chegar à divindade de Jesus pelo coração simples é o caminho mais direto que chegar pela razão.*** *A luz da fé desce dos céus aos corações humanos, a da razão sobe das mentes para Deus.*
>
> (O destaque é meu.)

Há tempos, exalto: **O coração é o santuário de Deus.**

Não é suficiente instruir apenas

A instrução do intelecto não é suficiente para formar o verdadeiro cidadão do terceiro milênio, que tem... mil anos para desenvolver uma Era Espiritual Civilizada nova. **Ao cérebro deve-se juntar o coração.**

O próprio Sábio dos Milênios, em Seu Santo Evangelho, segundo Mateus, 11:25, exorta-nos a buscar a **humildade intelectual** para que alcancemos o supino do **Conhecimento que desce das Alturas**:

> — *Graças Te dou, ó Pai, porque ocultaste estas coisas aos sábios e instruídos do mundo e as revelaste aos pequeninos.*

Ou seja, aos **Simples de Coração** presentes nas crenças, nas academias do saber humano ou na escola da vida cotidiana.

Com isso, o pensamento dos seres se pautará pelo equilíbrio. **Nobreza de caráter será a marca das criaturas.** O Buda ensinava:

> — *O que somos é consequência do que pensamos.*

ESPÍRITO E CIÊNCIA

Em 2003, Paiva Netto apresenta mensagem aos participantes do Fórum Mundial Espírito e Ciência, da LBV, durante o congresso temático “Discutindo a Morte e a Vida após Ela”.

Fórum Mundial Espírito e Ciência, da LBV

Nesta seção, gostaria de compartilhar com todos vocês reflexões que extraí de *Ciência e Fé na trilha do equilíbrio*, fruto de improvisos que proferi na década de 1980, e que humildemente ofereci aos participantes do I Fórum Mundial Espírito e Ciência, promovido pelo Parlamento Mundial da Fraternidade Ecumênica — ParlaMundi da LBV (Quadra 915 Sul, Brasília/DF), de 18 a 21 de outubro de 2000.

O Fórum tornou-se um dos maiores movimentos mundiais do gênero na formação de novos paradigmas do pensamento humano, fundamentados na convergência e no intercâmbio entre o conhecimento científico e as diversas tradições religiosas, havendo dele já participado, ao longo dos anos, nomes como o do astronauta norte-americano **Edgar Mitchell** (1930-2016), membro da tripulação da Apollo 14, sexto homem a pisar a superfície lunar; de **Aleksandr Lazutkin**, cosmonauta russo que fez parte da tripulação da Missão MIR-23; dos físicos quânticos e escritores **Amit Goswami** (Estados Unidos), **Patrick Drouot** (França), **Waldyr Rodrigues** (1946-2017) (Brasil); do renomado astrônomo e físico **Ronaldo Rogério de**

Freitas Mourão (1935-2014), primeiro brasileiro a ter um asteroide com o seu nome; do psicólogo e educador francês **Pierre Weil** (1924-2008); do lama tibetano **Chagdud Tulku Rinpoche** (1930-2002), além de outras importantes personalidades.

Em 18 de outubro de 2019, nas celebrações dos 30 anos do Templo da Boa Vontade, foi realizada mais uma edição de grande sucesso, com o tema "Investigando Espírito, cérebro e mente", prestigiada por ilustres religiosos e cientistas do Brasil e do exterior.

Dos Estados Unidos, tivemos como palestrante o dr. **Andrew Newberg**, neurocientista e diretor de pesquisa do Centro Myrna Brind para Medicina Integrativa, do Hospital Universitário Thomas Jefferson, na Pensilvânia, e o prof. dr. **Michael Winkelman**, antropólogo e Ph.D. pela Universidade da Califórnia em Irvine e mestre em saúde pública pela Universidade do Arizona. Do Brasil, as nobres presenças do prof. dr. **Gildo Magalhães**, professor titular do Departamento de História da Universidade de São Paulo (USP) e diretor do Centro Interunidades de História da Ciência da USP; prof. dr. **Wellington Zangari**, professor do Instituto de Psicologia da USP e coordenador do Inter Psi — Laboratório de Psicologia Anomalística e Processos Psicossociais; dr. **Julio Peres**, psicólogo clínico, com pós-doutorado no Centro de Espiritualidade e Mente da Universidade da Pensilvânia, nos Estados Unidos; prof. dr. **Alexander Moreira-Almeida**, professor de Psiquiatria da Universidade Federal de Juiz de Fora (UFJF) e fundador e diretor do Núcleo de Pesquisa em Espiritualidade e Saúde (Nupes); **Fernando Bortolleto Filho**, reverendo da Igreja Presbiteriana Independente do Brasil e diretor-executivo da Associação de Seminários Teológicos Evangélicos; o indiano **Swami Nirmalatmananda**, presidente do Ramakrishna Vedanta Ashrama do Brasil; dra. **Julia Nezu Oliveira**, advogada, palestrante espírita, presidente da União das Sociedades Espíritas (USE) — Regional de São Paulo; **Álvaro Tukano**, líder indígena da etnia Tukano; e **Paula Suelí Periotto Bertolin**, ministra-pregadora da Religião de Deus, do Cristo e do Espírito Santo.

Eis aí! Essa é a nossa contribuição para o fomento do debate em torno de tema tão crucial na manutenção da vida na Terra.

Convido-os a acessarem o *site* desse Fórum Permanente: ForumEspiritoeCiencia.org

A conquista da Verdade[1]

O que a Religião intui a Ciência um dia comprovará em laboratório. Ciência sem Religião pode tornar-se secura de Alma. Religião sem Ciência pode descambar para o fanatismo. Por isso, na época ideal que todos desejamos ver surgir no horizonte da História, a Ciência (cérebro, mente), iluminada pelo Amor (Religião, coração fraterno), elevará o ser humano à conquista da Verdade.

[1] Essa reflexão de Paiva Netto foi registrada, em 10 de outubro de 1981, pelo veterano jornalista italiano radicado no Brasil **Paulo Rappoccio Parisi** (1921-2016). Posteriormente, o respeitado jurista brasileiro, dr. **Ives Gandra da Silva Martins**, ao tomar conhecimento dessa assertiva, assim comentou: *"Impressionou-me muito esta frase do jornalista Paiva Netto:* 'O que a Religião intui a Ciência um dia comprovará em laboratório'. *E é, rigorosamente, o que tem acontecido. Se nós verificarmos as verdades encontradas na Bíblia, no Velho e no Novo Testamentos, o que vamos encontrar é uma série de verdades que o tempo vem demonstrar. Não somente nas Ciências Sociais. Por exemplo, se nós analisarmos hoje a Psicologia, a Psiquiatria, quando procuram conduzir as pessoas para determinadas virtudes, todas essas virtudes estão no Evangelho. Veja o Cristo, quando falou nas Bem-Aventuranças".*

Privilégio científico

Negar, *a priori*, a essência do que intimamente se procura torna difícil ao pensamento científico o privilégio de beneficiar-se com a descoberta do que instintivamente busca: **o Espírito**. Mas todos chegaremos lá. É uma questão de tempo. Em 16 de agosto de 1884, no seu jornal *Gazeta da Tarde*, o abolicionista **José do Patrocínio** (1853-1905), um dos fundadores da Academia Brasileira de Letras, discorreu sobre o papel das contrariedades:

> — *Como no equilíbrio da natureza, as resistências só servem para aplicar e distribuir a força em movimentos regulares; no mundo social as oposições, apenas, servem para concretizar e sistematizar as ideias e dar-lhes a orientação mais adaptada para se desenvolver e vencer.*

Em momentos de grandes desafios, lembro-me sempre destas palavras que dediquei aos Cristãos do Novo Mandamento, Amigos de Jesus: **para quem está com Deus**, entendido como o Supino Bem, **obstáculos são estímulos**. Barreiras podem ser o tormento dos falhos de ânimo. Representam, contudo, molas impulsoras dos seres humanos **que se obstinam por um Ideal**. Avante, Cidadãos do Espírito, de todos os campos do conhecimento!

Eixo de gravidade da Ciência

O pensamento materialista pode, em algum instante, ter se valido de Aristóteles, quando alega que nada está no intelecto sem antes ter passado pelos sentidos. Contudo, ignorou que o próprio filósofo não quis com isso necessariamente desdizer o seu mentor, **Platão** (427-347 a.C.), segundo o qual o saber promana do Espírito, nossa forma essencial, incorpórea. O que ele procurou, isso sim, foi conduzir sua investigação acerca da Alma, tirar suas conclusões e trilhar o próprio caminho.

No diálogo *Fédon*, cujo tema central é a imortalidade da Alma, Platão narra, a partir da perspectiva de **Fédon de Élis**, as últimas horas de Sócrates — sentenciado à morte por ser um cidadão à frente do seu tempo. Sobre a aquisição do conhecimento e a imprecisão dos sentidos, encontramos estas palavras do príncipe dos filósofos de Atenas, em instigante exercício dialético com seus amigos e discípulos, entre eles, os tebanos **Cebes** e **Símias**:

> [Sócrates:] *Ora, se esses dois sentidos corpóreos* [a visão e audição] *não são nem exatos nem de confiança, que diremos dos demais em tudo inferiores aos primeiros? (...)*

Cebes então falou: como você gosta de dizer, Sócrates, ***o aprender não é senão um recordar****; do que se conclui ser indispensável que tenhamos* ***adquirido, em tempo anterior ao nosso nascimento****, os conhecimentos que atualmente recordamos. Ora,* ***tal não seria possível se a nossa alma não existisse em alguma parte antes de nascer sob essa forma humana****. Isso vem provar que a alma deve ser algo imortal.*

[Sócrates:] *(...)* ***esquecemos ao nascer o que antes adquirimos****, e mais tarde recuperamos, com o* ***auxílio dos sentidos****, o conhecimento de tais realidades em cuja posse nos encontrávamos outrora: Então isso o que chamamos aprender não consistirá em recuperar um conhecimento que nos é próprio? (...)*

Logo, Símias, ***as almas existiam antes, antes de ganharem forma humana, separadamente do corpo e possuíam inteligência***[2].

(Os destaques são meus.)

Aristóteles, preceptor de **Alexandre Magno** (356-323 a.C.), possivelmente desejou ajustar o aparente paradoxo entre corpo e Alma por intermédio da sua teoria dos dois intelectos: o potencial e o agente[3], cons-

2 *Fédon*, 65b; 72e; 73a; 75e; e 76c.

3 De acordo com o *Dicionário Básico de Filosofia*, sobre o intelecto agente: *"trata-se do intelecto como agente, isto é, transformando as sensações em percepções e tornando-as abstratas, inteligíveis, como conceitos"*. Acerca do intelecto →

tante de sua obra *De anima* (Da alma). O primeiro, para ele, *"passível de ser afetado é perecível"*, enquanto o segundo *"é imortal e eterno"*. No livro 3, capítulo 5, definiu:

> — ***de um lado*** *está o intelecto* [potencial] *que tem a potencialidade de ser todos os objetos e* ***do outro lado*** *está o intelecto* [agente] *que os produz, que se comporta como a luz. Pois de certo modo a luz faz de cores em potência cores em atividade. Esse intelecto é isolado, impassível e sem mescla, pois sua substância é a própria ação. Pois o agente é sempre mais valioso do que o paciente, e o princípio mais valioso do que a matéria.*

Para além das inúmeras discussões filosóficas que a matéria suscita[4], uma importante contribuição está no trabalho de **Victor Caston**, Ph.D., professor de Filosofia e Estudos Clássicos da Universidade de Michigan, EUA, e editor do periódico acadêmico *Oxford Studies in Ancient Philosophy*. Ele explicou:

→ potencial ou paciente define: "*capacidade de receber e ordenar os conceitos e ideias que resultam do processo de abstração realizado pelo intelecto agente*".

[4] **Nota de Paiva Netto**

O professor **Joe Sachs**, um dos mais respeitados tradutores de Aristóteles e Platão do grego para o inglês, anotou que o capítulo que trata da natureza do intelecto agente *"foi a fonte de uma enorme quantidade de comentários e de discordância feroz"*.

Não precisamos sair em uma caçada inútil tentando inventar um papel para o chamado Intelecto Agente desempenhar na psicologia humana. ***Deus move nossos intelectos como Ele move as esferas celestiais****, isto é, "como um ente amado"* [move por atração aquele que o ama]*: Ele constitui a realização completa para a qual todos os nossos esforços intelectuais são direcionados, emulando Seu estado perfeito. (...) As tarefas, portanto, que* ***os comentaristas inventaram para o Intelecto Agente*** *preencher — como abstração, atenção seletiva ou livre escolha — são produzidas artificialmente. Nem sequer são problemas que Aristóteles reconhece (...).*

Em De anima, *livro 3, Capítulo 5, Aristóteles está simplesmente colocando a psicologia humana em uma perspectiva cósmica. Isso não é crucial para a psicologia como a entendemos.* ***Mas é essencial, insistiria Aristóteles, para apreciar quem somos e qual é o nosso lugar no mundo.*** *(...)*

Tivessem aquelas breves 15 linhas que constituem o capítulo 5 sido abandonadas da tradição, não creio que teríamos perdido algo significativo no que tange aos mecanismos psicológicos do pensamento. Mas teríamos perdido algo de grande importância para Aristóteles: a saber, como a mente se encaixa no mundo e para onde se direciona e, acima de tudo, ***como nós, tal qual as esferas celestes, somos mo-***

> ***vidos em tudo o que fazemos através de nossa imitação imperfeita de Deus.***
>
> (Os destaques são meus.)

Grandeza espiritual-filosófico-científica

Ao ilustre filósofo grego, a erudição em pessoa, e a todos os que amam o conhecimento, com humildade, cito uma consideração que gosto sempre de ressaltar: estamos **provisoriamente** corpo, mas somos **eternamente** Espírito.

Não foi sem motivo que Jesus, a Luz que não cria sombras, Aquele que encarna a Filosofia além da filosofia, ensinou à samaritana, junto ao poço de **Jacó**:

> — *Tempo virá em que Deus não mais será adorado em templos de pedras, feitos por mãos humanas, porque Deus é Espírito, e importa que, como tal, seja adorado, em Espírito e Verdade* (Evangelho, segundo João, 4:23 e 24).

E mais, que fomos criados à

> — *Sua imagem e semelhança* (Gênesis, 1:26 e 27).

"Não em corpo, mas [justamente] *em Espírito"*, enfatizava Alziro Zarur. E a compreensão desse fato, na grandeza espiritual-filosófico-científica que possui, muda **o eixo de gravidade da Ciência e de todo o Saber**.

Hipácia, mãe de filósofos

Nada mais potente que o coração materno, onde a Cidadania Espiritual tem seu primeiro abrigo na Terra. Assim ocorreu com Jesus, o Filho Amado de Maria, no acolhedor seio de Sua Mãe Santíssima, e, por conseguinte, com toda a humanidade. Devemos a elas, as mães — sejam de filhos biológicos, do coração ou de Boas Obras —, que atuam nas mais diversas áreas do saber, nossos renovados tributos. E aqui o fazemos por meio de uma pioneira mulher na Matemática, na Astronomia e ícone da Filosofia na Antiguidade: **Hipácia** (aprox. 355-415).

Na História Eclesiástica, escrita no século 5º pelo historiador **Sócrates de Constantinopla**, também conhecido como o Escolástico (não o confundir com o outro Sócrates, príncipe dos filósofos), encontramos este importante registro:

> — *Havia em Alexandria uma mulher chamada Hipácia, filha do matemático, astrônomo e diretor do Museu de Alexandria, Teón, que fez tantas realizações em literatura e ciência, que ultrapassou todos os filósofos da época. Tendo progredido na escola de Platão e Plotino, ela explicava os princípios da filoso-*

fia a quem ouvisse, e muitos vinham de longe receber os ensinamentos.

Segundo pesquisadores, Hipácia era uma mulher de beleza singular. O ano do seu nascimento é controverso. O mais aceito é 355, e há os que citam 370. Apesar de pagã, tinha entre os alunos vários cristãos, demonstrando, desse modo, espírito ecumênico. Por sinal, é graças a um deles, **Sinésio de Cirene** (370-413), futuro bispo de Ptolemaida, que possuímos hoje fonte mais fidedigna a respeito da única mulher a dirigir o Museu de Alexandria. Em sua *Carta 16*, refere-se a ela como

— mãe, irmã e mestra, minha benfeitora em tudo, e tudo o que para mim é valioso em palavras e ações.

Numa época em que a intelectualidade feminina não era comumente reconhecida, as teses de Hipácia influenciaram muitos poderosos. Suas palestras não ficavam apenas no âmbito filosófico, pois era procurada também a fim de opinar sobre assuntos políticos e da comunidade.

A historiadora **Ana Paula Tavares Magalhães Tacconi**, professora do Departamento de História da Universidade de São Paulo (USP), em entrevista ao programa *Conexão Jesus — O Ecumenismo Divino*, da Super Rede Boa Vontade de Comunicação (rádio, TV e internet), falou a respeito dessa relevante figura da Antiguidade:

— Ela tem contribuições importantes. Consta que concebeu um método para dividir números muito grandes por números muito grandes, coisa que para nós seria difícil, se não tivéssemos calculadoras, que hoje estão até no celular. Naquele momento, esse avanço era bastante importante, fundamental. Além disso, existem os trabalhos com álgebra, com geometria. Ela teria sido consultada na construção do astrolábio e na concepção de um hidrômetro. Também foi diretora da academia de Alexandria e isso é bastante significativo. Hipácia tem um papel, portanto, de difusão desse conhecimento, que é reconhecido por todos.

A descabida morte da filósofa de Alexandria

Em ambiente de forte intolerância religiosa, ela começou a incomodar. No ano de 415, foi arrastada por uma turba ensandecida até a igreja de Cesarión. A brutalidade usada para tirar-lhe a vida provocaria espanto aos mais terríveis carrascos de todos os tempos. Considerada mártir da ciência, muitos apontam o fato como o marco inicial da chamada Idade das Trevas.

A profa. dra. Ana Paula Magalhães explica o que essa tragédia representou para aquele momento histórico:

— Para os matemáticos e os historiadores da matemática, o período que cerca a morte da Hipácia é considerado um divisor de águas que determina o fim da matemática antiga, porque acabou o pensamento helênico. A partir de agora, existem amarras no pensamento, inclusive o matemático. A Hipácia, além disso, é a primeira mulher matemática de que se tem notícia na história. Ela marca também o início de uma determinada tradição. E, por fim, ela é a última intelectual conhecida de projeção a ter ligação com o Museu de Alexandria. Porque é importante dizer que o Museu de Alexandria foi destruído justamente durante o período da vida de Hipácia. Então, o fim dela também representa o fim do museu, o fim das musas.

A professora de História Medieval da USP também refletiu sobre a influência dessa brilhante filósofa para o indispensável protagonismo da mulher na construção do conhecimento:

— Considero Hipácia mais que uma inspiração. Ela é uma história de um entorno social, acadêmico, intelectual que permitiu e incentivou o florescimento de uma personalidade feminina tão forte, tão significativa e tão marcante. Então, acho que essa deveria ser uma inspiração não só para as mulheres, mas também uma fonte de inspiração para as insti-

tuições, para as universidades, para as agências de fomento, enfim, para a sociedade de uma maneira geral, no sentido de criar, ou pelo menos manter, as condições necessárias e favoráveis para o desenvolvimento dessas mulheres.

Grato, professora Ana Paula, por suas valiosas considerações. Temos permanentemente trabalhado, há décadas, para que as mulheres tenham seu devido destaque na sociedade. É com plena convicção que afirmamos que **a mulher, quando integrada em Deus, é a alma da humanidade, a base das nações**. E costumo dizer sempre: **valorizar a mulher é dignificar o homem. E vice-versa.**

Os filhos de Hipácia

Ascética e celibatária, Hipácia não deixou herdeiros, mas, como reiterei em 1987, há muitas formas sublimes de ser mãe, inclusive dar à luz grandes realizações em prol da humanidade. Foi o caso dela. Sua dedicação às questões metafísicas gerou filhos a perpetuar nas mentes a constante necessidade de descobrir respostas às indagações que sempre nos afligiram: De onde viemos, por que vivemos e para onde voltaremos, um dia, após a "morte"? São questionamentos de primordial interesse para o Cidadão do Espírito, que busca compreender os fatos espirituais de sua origem eterna e não se deixa enganar pela aparência material deles.

Descartes e Pascal

O conhecimento humano não deve escravizar as Almas. Diz, na Bíblia Sagrada, o sábio rei Salomão, em Eclesiastes, 1:17 e 18:

> — *Esforcei-me de coração em compreender a sabedoria e o conhecimento, e também a tolice e a insensatez. E reconheci que nessas coisas também está a aflição de espírito. E isto porque na muita sabedoria, há muito desgosto; quanto mais conhecimento, mais sofrimento.*

Existe, contudo, **uma Sabedoria acima da erudição terrena**. É conveniente aliar, para conseguir-se **o equilíbrio que enobrece o raciocínio**, **Descartes** (1596-1650) e **Pascal** (1623-1662), ou seja, a **Razão** e a **Intuição**, com a indispensável claridade que promana do Amor Universal: Deus, Quem ou Quê, a respeito do Qual discorri no meu livro *Reflexões da Alma* (2003).

Em *Como Vencer o Sofrimento* (1990), ressalto que a **Verdade sem o Amor não é a VERDADE, o Amor sem a Verdade não é o AMOR**.

Razão e intuição

Para melhor compreensão dessa analogia, convido-os a se inteirarem um pouco mais sobre essas duas figuras: René Descartes e Blaise Pascal. O primeiro foi um filósofo e matemático francês. Criou um sistema rígido e fechado chamado cartesianismo. Tornou-se célebre pela elaboração de um método de pesquisa, cujas bases estavam firmadas na dúvida metódica. Uma de suas máximas é

— *cogito, ergo sum* (penso, logo existo).

Ou seja, na base de tudo está a dúvida, que é um pensamento de alguém; portanto, não se pode pensar sem existir. A partir daí, resulta o seu racionalismo que influenciaria gerações de pensadores. Já o físico, matemático e filósofo francês Pascal elaborou trabalhos sobre a propagação do som, a pressão, o vácuo, e se aprofundou nos estudos referentes à probabilidade, ao cálculo infinitesimal, entre outros. Seus estudos teológicos proporcionaram-lhe uma visão de como o método científico se processaria. É autor do famoso axioma que contraria a ideia de que somente se verifica Ciência pelos caminhos da racionalidade:

— *O coração tem razões que a própria razão desconhece.*

Cérebro psíquico

A Ciência tradicional começa a compreender que a inteligência se dispõe além da estrutura biológica, como se houvesse um cérebro psíquico fora do somático. E assim o é porque **há Vida além da matéria**.

Mais que isso: **há Vida na Esfera Espiritual antes da vida no campo físico**, pois existimos, como **Essência Divina**, anteriormente à fecundação do óvulo pelo espermatozoide.

No Evangelho, segundo João, 6:63, Jesus esclarece:

— ***O Espírito é o que vivifica.***

* * *

O influente sábio e místico persa **Al-Ghazali** (1058-1111), condecorado com o título "Prova do Islã", entendeu que não se pode reduzir o Conhecimento Divino aos limites materiais:

— *Aquele que pressupõe que a iluminação dependa de provas explícitas restringe a amplitude da misericórdia de Deus.*

A Terra suplica...

Espírito e Ciência devem estar irmanados pela Fraternidade Ecumênica, porque a Terra suplica que vençamos os conflitos, juntemos as mãos e trabalhemos por um mundo realmente melhor, enquanto resta tempo. O aquecimento global, agravado por nós, seres humanos, continua de maneira "impecável" cumprindo a sua triste sina[5].

Há décadas, alerto que a destruição da Natureza é a extinção da raça humana. Daí ser o nosso brado: **Educar. Preservar. Sobreviver. Humanamente também somos Natureza**[6].

---

[5] **Nota de Paiva Netto**

Vide p. 66 deste livro, na qual apresento reflexão acerca do assunto e registro a palavra do dr. James Hansen sobre mudanças climáticas. Ele é um dos grandes especialistas do tema no mundo.

[6] Essa máxima do autor encerra sua mensagem endereçada à Conferência das Nações Unidas sobre Desenvolvimento Sustentável (CNUDS), a Rio+20, ocorrida entre os dias 13 e 22 de junho de 2012, no Rio de Janeiro/RJ, Brasil.

Deus – Religião e Ciência

Quanta grandiosidade Deus — Religião e Ciência — oferece ao bom senso investigativo!

Joaquim Nabuco (1849-1910), um dos mais conhecidos diplomatas do Brasil Império, político, historiador, jurista e destacado abolicionista, foi feliz ao dizer:

> — *Se Deus não existisse, o homem seria um simples autômato.*

O combate à violência no mundo começa na luta contra a indiferença à sorte do vizinho.

Racionalidade Espiritual

Estamos vivendo um **Novo Renascimento**, que tem o Espírito, nossa forma original, como fundamento. Nem todos o percebem. Sua compreensão é a aliança pragmática entre a racionalidade humana e a Espiritualidade Celeste. **O governo da Terra começa no Céu**, convém reiterar.

Lembremos sempre o sábio exemplo de Salomão, impresso no segundo livro de Crônicas, 1:7 a 12:

O sábio pedido de Salomão

7 *Naquela mesma noite, Deus apareceu a Salomão e disse-lhe: Pede o que quiseres que Eu te dê.*

8 *E Salomão respondeu-Lhe: Tu usaste de grande benevolência com Davi, meu pai, e a mim me fizeste rei em seu lugar.*

9 *Agora, pois, ó Senhor Deus, confirme-se a Tua palavra, dada a Davi, meu pai; porque Tu me fizeste rei sobre um povo numeroso como o pó da terra.*

10 *Dá-me, pois, agora,* ***sabedoria e conhecimento****, para que possa sair e entrar perante esta gente; porque quem poderia julgar a este Teu tão grande povo?*

> 11 *Então, Deus disse a Salomão: Porquanto houve isso no teu coração, e não pediste riquezas, bens ou honra, nem a morte dos que te aborrecem, nem tampouco pediste muitos dias de vida,* ***mas pediste para ti sabedoria e conhecimento, para poderes julgar a meu povo, sobre o qual te constituí rei,***
> 12 ***sabedoria e conhecimento te são dados; e te darei riquezas, e bens e honra, qual nenhum rei antes de ti teve, e depois de ti tal não haverá.***

Nada mais relevante ao Cidadão do Espírito do que o **discernimento das questões etéreas aliado à humildade corajosa**, aquela que não se subordina ao que está errado. A partir desse magno alicerce, todas as conquistas são decorrência natural do esforço bem empregado.

O desafio de todos os tempos

No dia em que a Ciência ultrapassar as fronteiras estabelecidas, **não por ela mesma**, mas por alguns dos temerosos corifeus de sua luminosa área de atuação, a humanidade não mais conhecerá obstáculos para cumprir o seu magnífico destino de **civilização civilizada**... Deparará, nesse tempo, com a mais desafiadora das verdades: **o Mundo Espiritual existe, a vida não cessa com a morte**. Não estamos condenados à podridão do túmulo, ao nada que extermina em função do temor que suscita. Zarur sabiamente dizia:

— *O medo é o ímã do azar.*

Afirmo, há tempos, que **a pior das ignorâncias é a presunção intelectual**.

Lição dos Provérbios, 16:18:

— *A soberba precede a ruína, e a altivez do espírito precede a queda.*

Convém, pois, às Almas verdadeiramente dispostas a revelar ideias avançadas para a marcha do conhecimento espiritual-humano jamais temer a busca humilde pela compreensão dessa realidade, expondo abertamente, e de modo sério, os resultados dos estudos, mesmo que isso signifique questionar a validade de antigos conceitos. **Melhor a pesquisa honesta do que a covardia científica.**

Com experiência de causa, pugnou o notável Gandhi contra os que, por ignorância ou maldade, atrasam o progresso ao perseguir seus vanguardeiros. Há um pensamento — por muitos atribuído a ele e contestado por outros — que, independentemente da autoria, resume de forma magistral a filosofia e a trajetória do Mohandas:

> — *Primeiro eles o ignoram, depois o ridicularizam, em seguida o combatem e por fim você vence.*

Nesse sentido, pronunciou-se **Winston Churchill** (1874-1965), impetuoso e sagaz primeiro-ministro britânico, em 17 de maio de 1916:

> — *A verdade é incontestável. O pânico pode ressentir-se dela, a ignorância pode ridicularizá-la, a malícia pode distorcê-la, mas no fim lá está ela.*

E **John Locke** (1632-1704), médico, eminente teórico político e social, criador do liberalismo, na "Epístola dedicatória", de sua obra *Ensaio acerca do entendimento humano*, arrematou:

> — *Novas opiniões são sempre observadas com suspeição e, em geral, oposição, sem qualquer motivo além do fato de ainda não serem comuns.*

Próximo ao término de sua vida terrena, o contratualista britânico, em carta de 29 de outubro de 1703, concluiu:

> — *Amar a Verdade, por amor à Verdade, é a parte principal da perfeição humana neste mundo e a semente de todas as outras virtudes.*

Realmente, o Amor Fraterno, cujo referencial maior encontramos no Cristo de Deus, é a chave de tudo. Já lhes disse, e os jovens de todas as idades gostam de recordar: **a Ciência, iluminada pelo Amor, eleva o ser humano à conquista da Verdade**!

Espírito e Ciência devem estar irmanados pela Fraternidade Ecumênica, porque a Terra suplica que vençamos os conflitos, juntemos as mãos e trabalhemos por um mundo realmente melhor, enquanto resta tempo.

Frequência Divina

Jesus, em Seu Santo Evangelho, segundo Mateus, 10:26, nos lança esta formidável provocação:

> — *Não há nada oculto que não seja revelado nem encoberto que não venha a ser conhecido e trazido à luz.*

Costumo afirmar que, em Ciência, se tudo já tivesse sido descoberto, por que manteríamos abertas as portas dos laboratórios? Do meu ensaio *Ciência de Deus* reproduzo trechos do capítulo "**Deus e as humanidades**", que dedico à ponderação de todos os vanguardeiros que ousam destemidamente avançar:

A vida, para os que têm *"olhos de ver e ouvidos de ouvir"*, é uma conquista diária, seja no corpo ou no Espírito. É como se fora uma boa orquestra que a gente ouve, não se cansa e se empolga ainda mais. A cada bela interpretação, é possível identificar novas tonalidades de determinados instrumentos, ou outras que não captara antes e algumas nuanças que apenas notará mais tarde. A apreciável melodia é a mesma, exatamente a que estava ali, na partitura, você porém não distingue, de uma vez, toda a singeleza ou majestade. Do mesmo modo se dá nas questões espirituais. **À medida que o ouvido acessa a Frequência Divina, mais se deleita com a estrutura melódica.** É o que sucede no âmbito das **realizações proféticas**, porquanto **provêm de tempo-espaço mais refinado que o nosso antiquado** conceito de espaço-tempo[7], tão tardo, tão sorneiro...

Fato semelhante ocorre com a nossa visão no que tange aos Seres Celestes, que, por ecoarem em outra frequência, movimentam-se em distinta faixa vibracional. Não podemos vê-los ainda, embora influenciem nossa existência terrena ininterruptamente. É como o apito que o cachorro percebe e nós, seres humanos, não. Os cães alcançam níveis auditivos que não conseguimos tangenciar. No campo visual assim também procede, pois a Física reconhece que a faixa de frequência da luz observável representa so-

---

[7] **Espaço-tempo** – Em seu livro *Somos todos Profetas* (1991), esclarece o escritor Paiva Netto: *"Essa questão do Dia do Senhor tem gerado muita polêmica. Discutem-na há séculos. Ora, isso resulta do apego aos superados conceitos de dia, noite, mês, ano, enfim, de calendário, que temos combatido aqui. Quem não se livrar da restrita noção humana de coisas tão importantes nunca entenderá o Apocalipse, pois para nós o tempo passa, mas para Deus O TEMPO É. E o Apocalipse foi colhido por João nas dimensões de Espaço e Tempo Divinos". Vide* também *As Profecias sem Mistério* (1998) e *Apocalipse sem Medo* (2000). Essas obras, somadas a *Jesus, o Profeta Divino* (2011) e *Jesus, a Dor e a origem de Sua Autoridade — O Poder do Cristo em nós* (2014), fazem parte da coleção "O Apocalipse de Jesus para os Simples de Coração". Juntas, já venderam mais de 3 milhões de exemplares.

mente uma ínfima parcela no espectro eletromagnético, diante de uma imensidão de alcances possíveis às perspectivas que o globo ocular humano identifica, mas que o cérebro não traduz em imagens. Por isso, **não podemos ignorar que é nessa dimensão** — ainda imperceptível ao cérebro, portanto, invisível aos sentidos físicos — **que a consumação do Planejamento Divino é feita.**

Estados dimensionais da Alma

Sabe-se existir distância entre Céu e Terra. No entanto, os seres terrenos, pessoas e animais, por causa do campo gravitacional do planeta, não são arremessados ao Espaço; eles ficam "presos" ao solo. Contudo, para o Espírito, não existe essa extensão tal qual a compreendemos, percorrida em quilômetros, milhas ou outra unidade de medida. Ele é capaz de, na matéria ou fora dela, trocar de estado dimensional, mantendo-se sempre posicionado onde se encontra.

Forças Divinas e forças elementares

Neste orbe, não nos "deslocamos" na velocidade amplíssima[8] a eles natural (os Espíritos Elevados),

[8] *Vide* página "Velocidade não existe?", contida no capítulo "Partículas atômicas e subatômicas na Espiritualidade", do livro *Jesus, o Profeta Divino* (2011), da lavra de Paiva Netto.

entretanto, numa diferente frequência que mantém conectados os átomos, as moléculas dos corpos materiais, regidos pelas **forças elementares** da Natureza, por sua vez, conduzidas por **Forças Divinas**, que nós, os terrenos, insistimos em desconhecer (Apocalipse, 7:1):

> — *Depois disto vi quatro Anjos em pé nos quatro cantos do mundo,* ***conservando seguros*** *os quatro ventos, para que nenhum soprasse sobre a terra, nem sobre o mar, nem contra árvore alguma.*

Pela ação desses Anjos, observamos **a matéria submetida às Leis Divinas** que governam os mundos. As forças elementares da Natureza — que dão origem a todas as outras materiais, quais sejam, a gravitacional, a eletromagnética, a forte (contida no núcleo atômico) e a fraca (dentro de reações de decaimento) — são os pilares sobre os quais o Universo se porta tal como se apresenta, pela atual compreensão das mecânicas quântica e relativística. No entanto, partindo de uma **Física além da física**, vemos **a preexistência das Forças Divinas**. Elas correspondem às **forças inteligentes advindas de Deus**, sendo Ele Quem ou Quê, sinônimo de Amor, Justiça e Ciência, Pai-Mãe Universal, Criador do Cosmos.

Universos espirituais, paralelos e sobrepostos

Portanto, permitam-me afirmar: **por pequenez moral e espiritual** ainda, **não podemos fluir em pensamento naquela aceleração ideal** para percebermos as transformações anunciadas e que estão modificando o mundo numa profundidade que as mais inteligentes mulheres e os mais brilhantes homens do intelecto não puderam, até agora, como desejariam, equacionar. Isso porque **essas frequências estão tremendamente distantes de suas concepções espaciais**. Disso decorre que o Universo possui esferas dimensionais ainda invisíveis, que, em termos filosóficos, podem ser **sobrepostas**, não apenas paralelas. E quanto mais o Cosmos há de nos reservar?

Óvnis

Por ocasião do I Fórum Mundial de Ufologia, sediado pelo ParlaMundi da LBV, em Brasília/DF, Brasil, de 7 a 14 de dezembro de 1997, assim me expressei:

O mundo discute, há muito tempo, a existência dos chamados UFOs (óvnis — objetos voadores não identificados). Relativamente a isso, **a questão não é acreditar ou deixar de crer neles, mas, sim, saber se esses fenômenos são ou não são verdadeiros**[9]**. A comprovação dessa realidade cabe naturalmente à Ciência.** A posição filosófica adequada é a de que não se pode, *a priori*, negar essa possibilidade, porque seria, no mínimo, arrogância de nossa parte acreditar que só existe vida aqui no nosso querido, contudo pequeno, planeta Terra.

---

9 Quanto à visão do autor sobre a existência ou não dos óvnis, o professor russo **Boris Chourinov**, um dos mais conceituados conferencistas do I Fórum Mundial de Ufologia, autor do livro *ÓVNIs na Rússia: As Duas Faces da Ufologia Russa*, sem tradução para o português, afirmou: ***"A posição de José de Paiva Netto sobre Ufologia resolve, para sempre, a polêmica que se faz em torno do assunto"***.

Homo sapiens sapiens e animais

Àqueles que de antemão negam a realidade do Espírito — já que este não pode ainda ser devidamente percebido pelos nossos parcos sentidos físicos — sugerimos que sejam mais cuidadosos, porque existem animais que veem e ouvem melhor que nós e outros que instintivamente percebem as mudanças atmosféricas e as comoções geológicas até mesmo pelas patas, bem antes que o *Homo sapiens sapiens* as note e tenha tempo de salvar-se e à própria família.

Sapos e terremotos

Apenas como amostra, importante trabalho realizado pelos biólogos **Rachel Grant**, da Universidade Open, e **Tim Halliday** (1945-2019), da Oxford, ambas na Inglaterra, indica que os sapos da espécie bufo-bufo são capazes de pressentir terremotos de grande magnitude. Havia dias, os cientistas observavam um grupo desses animais a 74 km de Áquila, Itália. Cinco dias antes do abalo de 6,3 graus na escala Richter, que surpreendeu a cidade e resultou em 299 vítimas, em abril de 2009, a quantidade de sapos machos no local de reprodução foi reduzido em 96%, segundo o estudo publicado no *Journal of Zoology*. Nos três dias que antecederam o tremor, o número de casais caiu para zero. Não se sabe ao certo a interferência ambiental que os anfíbios captaram tão prontamente, mas coincidiu com as perturbações pré-sísmicas na ionosfera, detectadas em radiofrequências baixas. Elas podem ter ligações com vazamentos de radônio, gás radioativo emanado do subsolo, ou com ondas gravitacionais.

Investigar *ad infinitum*

Nada em Ciência se encontra em sua forma derradeira. Foge à lógica conceber obstáculos intransponíveis — **mesmo no campo da investigação da existência do Espírito** — para uma especialidade essencial ao desenvolvimento humano, em que pesquisar, analisar, concluir, pesquisar de novo, mais uma vez analisar, para concluir em amplitude de reflexão *ad infinitum*, representa a base de sua luminosa lide. (...) Mormente agora, quando o mundo se transforma tão depressa e o Amor Fraterno não pode ser esmagado pela frieza, pela ganância, pelo cifrão.

LIBERDADE

Uso responsável do livre-arbítrio

O ato de pensar é incentivado por Deus, de forma que cada um receba, com Amor Fraterno e Justiça, de acordo com as suas próprias obras[1], **por intermédio das vidas sucessivas.** É por isso que Ele, **quando nos privilegiou com o livre-arbítrio, igualmente nos instruiu com o sentido de responsabilidade**, do qual, para nosso bem, não podemos abrir mão. **Pensar é fundamental, amar é divino.** Escreveu Salomão, sábio rei de Israel, em Provérbios, 1:7:

> — *O respeito ao Senhor é o princípio do saber, mas os loucos desprezam a sabedoria e o ensino.*

Outro raciocínio que merece apreço: **Reencarnação não é vingança odiosa de Deus, que é Amor[2]; porém, sublime oportunidade que Ele nos concede para a remissão de nossas Almas.** Significa, portanto, **tranquilidade para a consciência** que anseia libertar-se por força da Caridade Divina.

---

1 Evangelho de Jesus, segundo Mateus, 16:27; e Apocalipse, 22:12.

2 Primeira Epístola de João, 4:8.

Liberdade e Fraternidade

Liberdade sem responsabilidade e Fraternidade é condenação ao caos.

Carlos Lacerda (1914-1977), jornalista, escritor, político e administrador brasileiro, conhecido por seu estilo polêmico, declarou certa vez:

— *A impunidade gera a audácia dos maus.*

Quebrando algemas

Deus não é algema; porém, disciplina. Ao encontro dessa assertiva, leiamos o pensamento[3] do eminente dr. Bezerra de Menezes:

> — *A Lei mais perfeita que existe é a lei do livre-arbítrio. Que lei esplendorosa, maravilhosa! É a Lei da Democracia Divina.* ***Livre-arbítrio é o exercício da Democracia Divina.*** *Direitos e Deveres sempre estão lado a lado, requisitados, então, lado a lado, pela Divina Justiça. Podemos escolher o caminho que quisermos. Contudo, as consequências haveremos de admitir. A Lógica de Deus não é como a lógica humana. Se compreendermos isso, sentiremos constantemente a certeza da convivência Dele.*

Sábio também é o ensinamento do rei Salomão, no livro de Provérbios, 10:17:

> — *Caminha para a vida quem observa a disciplina, mas quem despreza a correção se extravia.*

[3] Essa reflexão do dr. Bezerra de Menezes foi psicografada pelo Sensitivo Cristão do Novo Mandamento Chico Periotto, em 3 de setembro de 2005, na cidade do Rio de Janeiro/RJ, Brasil.

A Verdade

A Verdade não é jurisdição de pessoa alguma nem de qualquer facção humana.

Habeas corpus

O passado é um tesouro de ensinamentos. Cícero, como já lembramos a vocês, proclamava que

— *a História é a mestra da Vida.*

Não podemos, porém, ignorar que o progresso nos impulsiona ao futuro. Apesar disso, **o ser humano não pode perder sua identidade para as máquinas**. Corre o perigo de retroceder mentalmente ao tempo das cavernas, sem ao menos ter onde impetrar *habeas corpus* que o liberte da imbecilidade.

Carta de alforria

Perdão é carta de alforria. **Perdoar liberta a quem perdoa.**

Jamais se esqueçam de que Jesus é o Libertador Celeste. Ele afiançou que, se conhecermos a Verdade, claro que a Divina, ela nos tornará livres[4]. Nada em termos apenas materiais concederá ao cidadão a sua carta de alforria. **Ninguém aprisiona a Alma de quem possui o coração espiritualmente livre.**

Caso de psicopatia

O ser humano que pensa que ter liberdade é possuir o direito de praticar o mal é um caso concluso de psicopatia.

[4] **A Verdade nos tornará livres** — *"Conhecereis a Verdade* [de Deus], *e a Verdade* [de Deus] *vos libertará"* (Evangelho, segundo João, 8:32). O saudoso Irmão Zarur, nas suas fraternas pregações, sempre acrescentava *de Deus* à palavra Verdade, para que ninguém a confundisse com "verdades" humanas.

Lei perfeita

O poder se exerce com moderação e integridade de caráter. **Lei perfeita é aquela que abarca Amor e Justiça.** Isso é energia benfazeja, **o que não significa aquiescência com impunidade, que resulta no caos.** Confúcio disse, e gosto de repetir:

— *Paga-se a Bondade com a Bondade, e o mal com a Justiça.*

O célebre pensador chinês evidentemente não se referia à vingança, que é antípoda ao sentido de Justiça verdadeira.

Conforto de Deus

A Verdade de Deus é conforto para os que, pela intuição, a pressentem. E conquista para aqueles que, sem preconceitos, a buscam.

Democracia e defesa

O espírito de Democracia não pode ser bélico. Ela, porém, precisa defender-se.

Repito sempre: quando o território não é defendido pelos bons, os maus fazem "justa" a vitória da injustiça.

* * *

Aqui um esclarecimento se faz imprescindível: no início deste nosso estudo, transcrevi elucidativo ensinamento registrado em *Os Mensageiros*, ditado pelo Espírito André Luiz. Nele, podemos ler explicação de Alfredo, administrador de um Posto de Socorro no Plano Espiritual:

> — *Enquanto não imperar a lei universal do amor, é indispensável persevere o reinado da justiça.*

Isso ocorre justamente por ser a **Democracia**, não me canso de insistir nisso, o **regime da responsabilidade**.

Na obra *Paiva Netto e a Proclamação do Novo Mandamento de Jesus — A saga heroica de Alziro Zarur na Terra* (2009), primeiro livro da Academia Jesus, o

Cristo Ecumênico, o Estadista Sublime, em "O direito de defesa", os jovens ecumênicos da Religião Divina expuseram este meu raciocínio:

A Justiça Divina é equanimemente a expressão verídica do Amor, que, por isso mesmo, tantas vezes, educa com severidade, não com maldade. Não nos esqueçamos daquela lição iniciática que o Irmão Zarur classificou como o Sétimo Mandamento dos Homens e das Mulheres da Boa Vontade de Deus:

> — *Perdoar é transferir o julgamento à Lei de Deus. Mas* ***o Pai não proíbe que Seus filhos se defendam dos maus.***

Não existe futuro sem moços. Também não o há sem os mais vividos. Além disso, jovem é aquele que mantém o ideal no Bem.

Deveres e direitos

Em diálogo com seu filho **Raul do Rio Branco** (1873-1945), **José Maria da Silva Paranhos Júnior**, o **Barão do Rio Branco** (1845-1912), eminente diplomata brasileiro, que permaneceu dez anos à frente da pasta de Relações Exteriores, e cuja atuação garantiu, em boa parte, o definitivo estabelecimento das fronteiras do país[5], sabiamente asseverou:

— *Sabe você o que é a liberdade? (...) Ninguém é livre neste mundo. Pensa que acaso o sou? Não passo de escravo do meu dever e de suas responsabilidades. (...) Não há senão uma maneira nobre de considerar a vida, é a de aceitar sem recriminações, nos momentos marcados pelo destino, os deveres sucessivos e*

---

[5] **Nota de Paiva Netto**

... fronteiras do país — Semelhantemente ao Barão, ocorre-me agora o nome de outro célebre brasileiro que, por seus talentos culturais e diplomáticos, conquistou para o Brasil, que se formava, vasta extensão de território: **Alexandre de Gusmão** (1695-1753). Era irmão de **Bartolomeu de Gusmão** (1685-1724), conhecido como "o padre voador". Alexandre participou, em Paris (1715), das negociações relativas à paz luso-espanhola acordadas no Tratado de Utrecht (Holanda). Planejou e defendeu o Tratado de Madri (1750), o qual resultou na triplicação do território brasileiro. A partir desse feito do "avô" da diplomacia brasileira, as questões fronteiriças do país passaram também a se utilizar amplamente do princípio do *Uti possidetis* (direito de um Estado sobre determinado território, em virtude da efetiva e prolongada ocupação deste).

vários que nos impõem a pátria e a família. O resto conta pouco para os homens que não se deixam vencer por um baixo materialismo.

Jesus, o Libertador Divino, revelou o sentido espiritual da verdadeira emancipação, em Seu Evangelho, segundo Mateus, 16:24 a 27:

O discípulo do Cristo deve levar a sua cruz

24 *Disse Jesus a Seus discípulos: Se alguém quiser vir após mim, negue-se a si mesmo, tome a sua cruz e siga-me.*

25 *Porquanto, qualquer que quiser salvar a sua vida a perderá; mas aquele que perder a vida por minha causa a salvará.*

26 *Pois que aproveitará o homem se ganhar o mundo inteiro e perder a sua Alma? Ou que dará o homem em troca da sua Alma?*

27 *Porque o Filho de Deus há de vir na glória de Seu Pai, com os Seus anjos, e, então, retribuirá a cada um conforme as suas próprias obras.*

Paulo, Apóstolo do Cristo de Deus, em sua Segunda Epístola aos Coríntios, 3:17, enuncia:

— *Ora, o Senhor é Espírito; e, onde está o Espírito do Senhor, aí há liberdade.*

Rui Barbosa, emérito jurista e diplomata brasileiro, comparece para reforçar este ensinamento do discípulo de Gamaliel, ao afirmar:

— *Não há justiça, onde não haja Deus.*

Espontaneamente abrir mão de vontades egoístas em benefício do próximo é nobre consciência a ser alcançada pelos Cidadãos Planetários, porquanto Universais, integrados, pois, na **Cidadania Espiritual Ecumênica**.

A palavra sensata de Gamaliel

Aliás, ao citar Gamaliel, não há como deixar de lado um típico exemplo da equilibrada justiça sendo exercida com ousadia e intrepidez por alguém que, mesmo não sendo cristão, julgou não ser razoável que homens inocentes fossem condenados por propagarem seus ideais.

Conta a Bíblia Sagrada que o velho fariseu, membro do sinédrio e doutor da Lei, tinha entre os seus aprendizes o dedicado Saulo de Tarso. Este, mais tarde, já convertido ao Cristianismo, adotou o nome de Paulo. Como podemos ler em Atos dos Apóstolos, 5:34 a 42, quando Pedro e os outros discípulos do Divino Mestre foram levados perante o sinédrio, Gamaliel defendeu os seguidores de Jesus da fúria dos saduceus, que deliberaram matá-los. Foi dele este parecer sensato:

O parecer de Gamaliel

34 Levantando-se no conselho um certo fariseu, chamado Gamaliel, doutor da lei, venerado por todo o povo, mandou que por um pouco levassem para fora os Apóstolos;
35 E disse-lhes: Israelitas, atentai bem no que ides fazer a estes homens.
36 Porque, antes destes dias, se levantou Teudas, insinuando ser ele alguma coisa, ao qual se agregaram cerca de quatrocentos homens; mas ele foi morto, e todos quantos lhe prestavam obediência se dispersaram e deram em nada.
37 Depois desse, levantou-se Judas, o galileu, nos dias do recenseamento, e levou muitos consigo; também este pereceu, e todos quantos lhe obedeciam foram dispersos.
38 Agora, vos digo: dai de mão a estes homens, deixai-os; porque, ***se esta obra é de homens, não triunfará.***
39 ***Mas, se é de Deus, não a combatais, pois estareis combatendo o próprio Deus.***
40 ***E concordaram com ele.*** *Chamando os Apóstolos, açoitaram-nos e, ordenando-lhes que não falassem no nome de Jesus, os soltaram.*

[41] *E eles se retiraram do sinédrio regozijando-se por terem sido considerados dignos de sofrer afrontas por esse Nome.*
[42] *E todos os dias, no templo e de casa em casa, não cessavam de ensinar e de pregar sobre Jesus, o Cristo.*

Que extraordinário exemplo de perseverança dos Apóstolos de Jesus em face das adversidades! É bom refletirmos sobre ele, mormente neste final de ciclo apocalíptico.

Espontaneamente abrir mão de vontades egoístas em benefício do próximo é nobre consciência a ser alcançada pelos Cidadãos Planetários, porquanto Universais, integrados, pois, na Cidadania Espiritual Ecumênica.

Conquistas civis

Ao longo das eras, o estudo do Direito tem sido aperfeiçoado, a fim de dar garantias cada vez mais sólidas à sociedade. O século 20, por exemplo, nos legou um imenso aprendizado por meio de sucessivas conquistas civis. E todos hão de concordar que, a partir do Evangelho, protagonizado por Jesus há dois mil anos, a jurisdição da Terra vem, paulatinamente, acatando o espírito de Humanidade, de Misericórdia e de Justiça, que Ele tanto testemunhou com Sua Cidadania Espiritual por onde passava e pregava.

Em homenagem a tantos protagonistas que, ao longo da História, almejaram liberdade e condições dignas de vida e, em contribuição a tão significativo marco, trago-lhes, por oportuno, trecho de modesta palestra que proferi, publicada em *Reflexões e Pensamentos — Dialética da Boa Vontade* (1987) e no *Manifesto da Boa Vontade* (21 de outubro de 1991), entre outros, que visa contribuir para a **formação da consciência planetária do Cidadão do Espírito**:

Acreditar que possa haver direitos sem deveres é levar ao maior prejuízo a causa da liberdade. Quando situo — é importante esclarecer — os deveres do cidadão acima dos seus próprios direitos, em hipótese alguma defendo uma visão distorcida do trabalho, em que a escravidão é uma de suas facetas mais abomináveis.

Por isso, queremos que todos os seres humanos sejam realmente iguais em direitos e oportunidades, e cujos méritos sociais, intelectuais, culturais e religiosos, por mais louvados e reconhecidos, **não se percam dos direitos e liberdades dos demais cidadãos**. Porquanto, reitero, **Liberdade sem Fraternidade Ecumênica é condenação ao caos**.

Trabalhemos por uma sociedade em que Deus e Suas Leis de Amor e Justiça inspirem zelo à liberdade individual, para garantir segurança política e jurídica a todos, como nos suscita o abrangente significado do Natal Permanente do Cristo de Deus. Refiro-me ao Criador Supremo, não ao errôneo entendimento que procura fazer Dele, que é Amor, instrumento execrável de fanatismo e tirania, preconceito e ódio. Consequentemente, não faço alusão ao deus antropomórfico, caricato, criado à imagem e semelhança do homem imperfeito. (...)

As virtudes reais serão aquelas constituídas pela própria criatura — que é, antes de tudo, Espírito — na ocupação honesta dos seus dias, na administração dos seus bens e no respeito pelo que é alheio, na bela e instigante aventura da vida. Uma nação que se faça de tais elementos será sempre forte e inviolável.

Desejo que, em pleno século 21, consigamos consolidar esses ideais e expandi-los aos povos da Terra, para que sejam plenamente vivenciados. E jamais repetir os séculos anteriores naquilo em que foram um fracasso.

O CAPITAL DE DEUS

Este capítulo apresenta extratos dos originais de O Capital de Deus, *obra literária em que Paiva Netto reúne teses sobre o Espírito Eterno do ser humano, a grande riqueza do Pai Celestial, defendidas por ele desde sua juventude.*

Os editores

Antigo novo dado econômico: o Espírito

A Economia, tal qual um órgão vivo em desenvolvimento, será forçada a desdobrar outra vivência, altruísta, justa e benéfica — como timidamente alguns já o vêm percebendo —, se quiser subsistir em Paz. O Capital de Deus, isto é, o ser humano, com sua Alma Imortal, ou mais corretamente dizendo: a Alma Imortal **que dá vida ao ser humano**, daí a Cidadania do Espírito, **é o novo antiquíssimo dado que os economistas precisam descobrir, respeitar, analisar, de forma que a Terra seja testemunha de profunda transformação sem precedentes.** O contrário será converter em realidade as pragas do Apocalipse (capítulos 15 e 16), em vez de suas gloriosas promessas (capítulos 21 e 22).

No tocante aos Flagelos[1], no segundo dos sete relacionados no Livro das Profecias Finais, temos a comprovação de que **a conduta econômica sem a presença ativa do Espírito iluminado pela Caridade de Deus já é um preocupante acontecimento.** De acordo com o que também trouxemos no início do livro,

[1] Pragas e flagelos são aqui termos similares, em referência a calamidades, desgraças coletivas ou a algo que prejudique a Paz.

em "Maiores predadores", os mares estão se tornando deserto dos grandes peixes.

O segundo Flagelo

— *Derramou o segundo Anjo a sua taça no mar, e este se tornou em sangue como de um cadáver, **e morreu todo ser vivente que havia no mar*** (Apocalipse, 16:3).

Afora o evidente prejuízo causado pelos mais diversos tipos de desequilíbrio ambiental, cansamos de ver inacreditáveis tormentas acumulando pilhas e mais pilhas de dinheiro na contabilidade da destruição. Contudo, a maior perda — a das vidas humanas ceifadas — nos convoca a uma imediata tomada de atitude, antes que seja tarde.

Somente assim poderemos alcançar as Promessas de Deus, descritas igualmente no Livro das Profecias Finais, a exemplo de:

O Novo Céu e a Nova Terra

(Apocalipse, 21:1 a 7)

[1] *E vi Novo Céu e Nova Terra, porque o primeiro céu e a primeira terra passaram, e o mar já não existe.*

2 *Eu, João, vi também a Cidade Santa, a Nova Jerusalém, que da parte de Deus descia do céu, vestida como noiva adornada para o seu esposo.*

3 *Então, ouvi grande voz vinda do trono, dizendo: Eis aqui o tabernáculo de Deus com os homens. Deus habitará com eles. Eles serão Seu povo, e o próprio Deus, no meio deles, será o seu Deus.*

4 *E lhes* ***enxugará dos olhos toda lágrima, não haverá mais morte, não haverá mais luto, não haverá mais pranto, nem gritos, nem dor****, porque as primeiras coisas passaram.*

5 *Então, Aquele que está assentado no trono disse:* ***Eis que faço novas todas as coisas.*** *E acrescentou: Escreve, porque estas palavras são fiéis e verdadeiras.*

6 *Disse-me ainda: Tudo está feito. Eu sou o Alfa e o Ômega, o Princípio e o Fim. Eu,* ***a quem tem sede, darei de graça a beber da fonte da água da Vida Eterna****.*

7 ***O vencedor herdará estas coisas****, e Eu lhe serei Deus, e ele me será filho.*

Amém!
Louvado seja Deus!

Gandhi: o capital em si não é mau

Mahatma Gandhi, numa frase lapidar, que publicou em seu jornal *Harijan*, no dia 28 de julho de 1940, declarou:

— *O capital em si não é mau; o uso incorreto dele é que é ruim.*

À observação dessa máxima juntamos a lúcida sentença da notável incentivadora do Iluminismo francês **Marie-Thérèse Rodet Geoffrin** (1699-1777), ou simplesmente **Madame Geoffrin**:

— *A economia é a origem da independência e da liberdade.*

E, **se a luminosidade do Cristo estiver brilhando sobre as três** — a economia, a independência e a liberdade —, a nação que merecer esse milagre, consequência de sua Fé Realizante, origem de Boas Obras, como ensinou Jesus, **se tornará**, com o tempo, **insuplantável**, enquanto mantiver esse comportamento de forte decisão, **espiritual e moralmente falando**.

Mas, para que alcancemos tal estágio, a perseverança no Bem deve ser a bandeira de nossas ações. É Jesus, o Cristo Ecumênico, o Divino Estadista, Quem nos conforta em seu Sermão da Montanha — que Gandhi tanto admirava —, anotado pelo Evangelista Mateus, 5:5:

— *Bem-aventurados os pacientes, porque eles herdarão a Terra.*

* * *

Uma curiosidade: A respeito do Sermão da Montanha de Jesus, o libertador da Índia teria dito:

— ***Se se perdessem todos os livros da humanidade, e só se salvasse o Sermão da Montanha, nada estaria perdido***.

(O destaque é meu.)

Vale registrar que ele, em sua jornada espiritual, foi grandemente influenciado pelo livro *O Reino de Deus está em vós,* de **Leon Tolstói** (1828-1910), que trata justamente do Sermão da Montanha de Jesus. E observem que o Gandhi pensava e agia não apenas à maneira de um religioso digno e honrado, todavia como um correto e bom político.

Felicidade pelo dever cumprido

Há tempos ressaltei que, no Sermão da Montanha de Jesus (Boa Nova, segundo Mateus, 5:1 a 12), vemos a exaltação das Bem-Aventuranças[2]. Ou seja, o Divino Amigo da humanidade enaltece todos aqueles que compreenderam, ao longo das eras, seus deveres de ser humano e Cidadão do Espírito. E, ao cumpri-los, têm plenamente assegurados os seus direitos, numa esfera que nem todos ainda podem conceber: **a espiritual**. Eis a chave da Cidadania do Espírito.

Acerca de tão admirável prédica do Cristo de Deus, o Espírito amigo e Irmão **Flexa Dourada**, pela psicofonia do Sensitivo Cristão do Novo Mandamento Chico Periotto, em 27 de abril de 2019, na cidade do Rio de Janeiro/RJ, com entusiasmo, destacou:

> — *O Sermão da Montanha de Jesus, com suas Bem-Aventuranças, é um conforto extraordinário ao coração de todos na humanidade, sem exceção! Um conforto extraordinário! É de Jesus o Sermão! E Ele dá a chave de como viver na Terra e de como chegar no Mundo Espiritual na hora certa, para ser feliz,*

[2] Nas páginas finais do livro, leia também "As Bem-Aventuranças do Apocalipse de Jesus", reunidas por Paiva Netto.

que é o que interessa aos Espíritos que têm na Terra o sentido de respeitar Deus, o Pai Celestial.

As Bem-Aventuranças do Sermão da Montanha de Jesus

(Santo Evangelho do Cristo, segundo Mateus, 5:1 a 12, da magnífica forma com que Alziro Zarur as proferia.)

Jesus, vendo a multidão, subiu ao monte. Sentan do-se, aproximaram-se Dele os Seus discípulos, e Jesus ensinava, dizendo:
Bem-aventurados os humildes,
porque deles é o Reino do Céu.
Bem-aventurados os que choram,
porque eles serão consolados pelo próprio Deus.
Bem-aventurados os pacientes,
porque eles herdarão a Terra.
Bem-aventurados os que têm fome e sede de Justiça,
porque eles terão o amparo da Justiça Divina.
Bem-aventurados os misericordiosos,
porque eles alcançarão misericórdia.
Bem-aventurados os limpos de coração,
porque eles verão Deus face a face.
Bem-aventurados os pacificadores,
porque eles serão chamados filhos de Deus.

Bem-aventurados os que são perseguidos por causa
da Verdade, porque deles é o Reino do Céu.
Bem-aventurados sois vós, quando vos perseguem,
quando vos injuriam e, mentindo,
fazem todo o mal contra vós por minha causa.
Exultai e alegrai-vos,
porque é grande o vosso galardão no Céu.
Porque assim foram perseguidos os Profetas
que vieram antes de vós.

A Solidariedade é a força executiva da Fraternidade Ecumênica, fundamento da Cidadania do Espírito.

O Sermão da Montanha de Jesus | 1877 | Carl Bloch (1834-1890) | Óleo sobre tela | 104 x 92 cm | Museu de História Natural da Dinamarca

O Bom Samaritano e o dinheiro

Minhas Irmãs e meus Amigos, minhas Amigas e meus Irmãos, após citarmos na reflexão anterior a visão de Gandhi sobre o capital, precisamos compreender a amplitude da lição de Paulo Apóstolo, em sua Primeira Epístola a **Timóteo**, 6:10:

> — *(...)* ***o amor ao dinheiro é a raiz de todos os males****; e nessa cobiça alguns se desviaram da fé, e se traspassaram a si mesmos com muitas dores.*

Realmente! Mas, enfatizamos: quando dele fazemos mau emprego. Um marcante exemplo de como aplicar bem as riquezas que Deus em nós deposita encontramos na Parábola do Bom Samaritano (Evangelho de Jesus, consoante Lucas, 10:25 a 37). **Exercer a Caridade Material e Espiritual é o melhor dos fundos de investimento. É o Altruísmo iluminado pela Generosidade e pela Justiça, capaz de promover o progresso geral.**

A Parábola do Bom Samaritano

> 25 *E eis que certo homem, intérprete da Lei, se levantou com o intuito de pôr Jesus à prova e disse--Lhe: Mestre, que farei para herdar a Vida Eterna?*

26 *Jesus lhe perguntou: Que está escrito na Lei?*
Como a interpretas?
27 *A isto ele respondeu: Amarás o Senhor, teu Deus,*
de todo o teu coração, e de toda a tua Alma, e de
todas as tuas forças e de todo o teu entendimento; e
amarás teu próximo como a ti mesmo[3].
28 *Jesus, então, lhe respondeu: Disseste-o bem; faze*
isso, e viverás.
29 *E o doutor da lei, contudo, querendo justificar-se*
a si mesmo, questionou-Lhe: ***Mas, Jesus, quem é o***
meu próximo?
30 *O Mestre replicou-lhe,* ***contando-lhe uma pa-***
rábola*: Descia um homem de Jerusalém para Jericó,*
e caiu nas mãos de salteadores, os quais o despojaram
e, espancando-o, retiraram-se, deixando-o semimor-
to.
31 *Descia pelo mesmo caminho certo sacerdote; e,*
vendo-o, passou de largo.
32 *E de igual modo um levita chegando àquele lu-*
gar e, avistando o pobre homem, passou também de
largo.
33 *Mas um samaritano, que ia de viagem, chegou*
ao pé dele e, fitando-o, tomou-se de infinita compai-
xão;
34 *e, aproximando-se, atou-lhe as feridas, aplican-*
do-lhes azeite e vinho; e, pondo-o sobre um animal

---

3 Deuteronômio, 6:5; e Levítico, 19:18.

de sua propriedade, levou-o para uma estalagem e
cuidou dele.
35 *No outro dia, partindo, tirou dois denários* [an-
tiga moeda romana], *e deu-os ao dono da hospeda-*
ria e lhe disse: Cuida bem deste ferido, e tudo o que
de mais gastares, eu te pagarei quando aqui voltar.
36 ***Qual, pois, destes três*** — *perguntou Jesus ao*
homem da lei — ***te parece ter sido o próximo da-***
quele que caiu nas mãos dos salteadores*?*
37 ***Ao que o doutor da lei Lhe respondeu: Cla-***
ramente o que usou de misericórdia para com
ele. *Disse-lhe, então, calmamente Jesus:* ***Vai, pois, e***
faze da mesma forma*.*

A Ideologia do Bom Samaritano

Na nova edição de *Jesus, o Libertador Divino* (2007), apresento meu artigo "Legião da Boa Vontade e a Ideologia do Bom Samaritano", em que transcrevo palavras que proferi a uma simpática plateia, no ano de 1991, em Portugal. Naquele inesquecível encontro, revelei-lhes que, na minha meninice, a primeira notícia pela qual tive conhecimento da Bíblia Sagrada, em particular da Boa Nova de Jesus, veio por intermédio de meu saudoso pai, **Bruno Simões de Paiva** (1911-2000). Ele me falou sobre essa comovente história contada ao povo pelo Cristo de Deus: A Parábola do Bom Samaritano.

Ao reler essa passagem, medito, profundamente tocado em minha Alma, sobre mais essa bela lição do Sábio dos Milênios, Aquele que se dispõe a socorrer qualquer necessitado em suas agruras e que realmente me despertou para o valor espiritual abrangente — **neste mundo e no outro** — da Solidariedade. Também me fez disposto, de todo o coração, ainda adolescente, a participar desta sacrossanta empreitada — Legião da Boa Vontade — sem jamais dela desertar. Afinal, aprendemos com Jesus a persistir até o fim:

> — *Na vossa perseverança, salvareis as vossas Almas* (Evangelho, segundo Lucas, 21:19).

Aliás, para os de Boa Vontade, ser obstinado nos Sagrados Preceitos do Senhor **significa desenvolver-se além do chamado fim humano, porque a vida continua, pois os mortos não morrem. Nem mesmo os Irmãos ateus — entre os quais se encontram criaturas de esmerada generosidade — perecem para a Eternidade, como descobrirão, pasmados, ao atravessar a fronteira entre as esferas material e espiritual.**

Ora, estou há todas essas décadas nas lides das Instituições da Boa Vontade e intensamente feliz ao lado de vocês, por poder prestar serviço a esta Causa Sublime, cujo lema, criado pelo proclamador da Religião Divina, Alziro Zarur, é, desde os seus primórdios, trabalhar

— por um Brasil melhor e por uma humanidade mais feliz.

O que me sustenta é a pertinácia ensinada por Jesus, o Operário Divino, em Sua Boa Nova de libertação:

— *Aquele que perseverar até o fim será salvo* (Evangelho, segundo Mateus, 24:13).

Servir o Rabi da Galileia — isto é, vivenciar plenamente Seus Ideais Sublimes — não é sacrifício. É privilégio, porque dota nossa existência de *"Caminho, Verdade e Vida"*.

Disse Jesus, o Excelso Condutor de nossos destinos:

— *Eu sou o Caminho, a Verdade e a Vida; ninguém vem ao Pai senão por mim* (Boa Nova, consoante João, 14:6).

Sempre carrego na mente uma grave advertência do filósofo **Goethe** (1749-1832), gênio alemão que iluminou o mundo nos séculos 18 e 19. Escreveu o autor de *Fausto*[4]:

---

4 ***Fausto*** — Conhecida obra de Goethe foi produzida em duas partes, tendo sido escrita e reescrita ao longo de quase 60 anos. A primeira parte — mais famosa — foi publicada em 1808 e a segunda, em 1832 — às vésperas da morte do autor. Considerado símbolo cultural da modernidade, "Fausto"

— *Conhecer não é o bastante, precisamos aplicar. Desejar não é o suficiente, precisamos fazer.*

Por isso, quando me perguntam qual é a minha ideologia, prontamente respondo: **a Ideologia do Bom Samaritano**. Recomendo a todos os Cidadãos do Espírito que também a adotem como tal.

A Caridade, aliada à Justiça dentro da Verdade, será um dos estatutos basilares das ciências sociais e do governo dos povos, a conduzir países, multidões, ou seja, a própria criatura humana, como Cidadã do Espírito.

é um poema de proporções épicas que relata a tragédia do dr. Fausto, homem das ciências que, desiludido com o conhecimento de seu tempo, faz um pacto com o demônio Mefistófeles, que o enche com a energia satânica insufladora da paixão pela técnica e pelo progresso.

A verdadeira Cidadania Espiritual e Solidária

Voltando à lição da "Parábola do Bom Samaritano", vemos no comportamento desse homem — representante de uma comunidade desprezada naquele tempo — a verdadeira forma de viver do Cidadão do Espírito, portanto, solidário que há décadas pregamos. Essa passagem bíblica evidencia que não basta unicamente instruir e educar. **É imprescindível reeducar com espírito ecumênico**, isto é, sem ódios, para que se alcance a **espiritualização** da criatura, bem como exprimir a todos os seres espirituais e humanos a importância da Compaixão, da Solidariedade, do Entendimento para que haja povos realmente fraternos. O desafiante **Voltaire** (1694-1778) escreveu em *Ériphyle*, ato II, cena 1:

> — *Os mortais são iguais. Não é o nascimento, mas apenas a virtude que estabelece a diferença entre eles.*

Cícero, um dos mais respeitados oradores e pensadores políticos romanos, vem ao encontro do meu raciocínio ao asseverar que:

— A piedade, tal como as outras virtudes, não pode ter nenhuma conexão com demonstração vã ou dissimulação. E, sem a piedade, nem a santidade nem a religião podem se sustentar. A subversão total da piedade será acompanhada invariavelmente de grande confusão e perturbação na vida.

Não foi sem motivo que o Divino Mestre Jesus tanto combateu a hipocrisia. Com Ele, aprendemos que **fazer o Bem deve ser permanente estado de Alma do Cidadão Espiritual**.

Realizar o Bem voluntariamente é uma das mais belas páginas de Amor que o ser humano, ou seja, o Cidadão do Espírito, pode escrever.

Economia: a mais espiritual das ciências

E para bem entendermos o conceito do sábio ativista indiano Gandhi e de Paulo Apóstolo que há pouco transcrevemos, necessário se faz que compreendamos, para surpresa de alguns, que **a Economia é essencialmente espiritual**. De fato, **é no Outro Lado da Vida que se encontra a sua verdadeira origem**, conforme registrei na entrevista publicada na *Folha de S.Paulo*, no Segundo Caderno, em 7 de novembro de 1982, domingo, na seção Exterior, quando tratávamos de nossa futura presença na ONU. Na ocasião, fui assim arguido:

P — *Mas como será possível alcançar a Paz Mundial diante do trágico impasse econômico em que se encontram os povos das nações?*

R — A própria LBV é o exemplo da solução verdadeira, que demanda muito coração, muita pertinácia, muita fé consubstanciada no conhecimento da Lei Universal da Reencarnação. Para sustentá-la, foi preciso dentro dela surgir uma economia que não gerasse nem sofresse os efeitos catastróficos da inflação mundial — **a Economia da Solidariedade Espiritual e Humana**.

Sabe por que existe inflação? (Estávamos em 1982.) **Porque o ser humano ainda não descobriu a Solidariedade Espiritual na Economia**; cada um se transformou no lobo do outro; cada grupo unicamente defende os seus próprios interesses nem sempre honestos. Escondem o jogo sob uma mecânica falsa em cima de números, como se praticamente os homens não existissem. É o formalismo frígido, mesmo que inconsciente. Ora, **em primeiro lugar está o ser humano, depois os números**. É o Cristo Quem ensina:

> — *O sábado foi estabelecido por causa do homem, e não o homem por causa do sábado* (Evangelho, consoante Marcos, 2:27).

Religião é primordialmente Solidariedade Espiritual, Moral e Humana. É, sobretudo, Amizade.

A Economia tem de ser vista e vivida sob o aspecto sublime da Solidariedade, que garanta a todos o acesso aos bens de produção e de consumo: **a Economia é a mais espiritual, no sentido mais amplo, das ciências ou arte**. E aqui estou falando de RELIGIÃO, com todas as letras maiúsculas, e não dos casos patológicos catalogados como se fora religião no passar da História. Já ressaltei que **a falência religiosa gerou o ateísmo**. Religião é algo supinamente elevado, que nada tem a ver com os conflitos produzidos pelos indivíduos. **Jesus, o Grande Economista do planeta Terra,** competentemente **se vale das capacidades de Deus** e, assim, **semeia entre os seres terrestres**, em consonância com o merecimento de cada um, **os Talentos Divinos**. E tem poder para isso, conforme Ele mesmo revelou:

> — *A cada um será dado de acordo com as suas próprias obras* (Apocalipse, 22:12).

A Solidariedade é a força executiva da Fraternidade Ecumênica, fundamento da Cidadania do Espírito. E isso faz parte da **Estratégia da Sobrevivência**, que há vários anos defendo.

Exercer a Caridade Material e Espiritual é o melhor dos fundos de investimento. É o Altruísmo iluminado pela Generosidade e pela Justiça, capaz de promover o progresso geral.

Adam Smith e Solidariedade

Adam Smith (1723-1790), economista e filósofo escocês, o chamado pai da economia moderna, escreveu em *Teoria dos Sentimentos Morais*:

> *Por mais egoísta que se suponha o homem, evidentemente há alguns princípios em sua natureza que o fazem interessar-se pela sorte de outros, e considerar a felicidade deles necessária para si mesmo, embora nada extraia disso senão o prazer de assisti-la.(...)*
>
> *Por intermédio da imaginação podemos nos colocar no lugar de nosso irmão, concebemo-nos sofrendo os mesmos tormentos, é como se entrássemos no corpo dele e de certa forma nos tornássemos a mesma pessoa, formando, assim, alguma ideia das suas sensações, e até sentindo algo que, embora em menor grau, não é inteiramente diferente delas. Assim incorporadas em nós mesmos, adotadas e tornadas nossas, suas agonias começam finalmente a nos afetar, e então trememos, e sentimos calafrios, apenas à imagem do que ele está sentindo.*

E é justamente quando, sentindo a dor de nossos Irmãos em humanidade, passamos a perceber o imenso valor que possui a Solidariedade, a Compaixão, a Fraternidade, a Generosidade. Por isso, ao me referir à Solidariedade Espiritual e Humana, quero reforçar que se trata de uma **Estratégia Divina**, pedagógica, a nos ensinar a viver fraternalmente irmanados. A outra face disso é a perspectiva sinistra da guerra de todos os tipos, que é vigorosamente rejeitada pelo Cidadão do Espírito.

A respeito da nobre atitude de concórdia a ser exercitada entre os habitantes do orbe, nos fala Alziro Zarur nestas estrofes de seu incomparável:

Poema da Amizade

Eu tenho, neste espírito de velho
Que não compreende a vida em solidão,
Meu particularíssimo Evangelho:
Amizade é a minha religião.

Nem só de feras se compõe o mundo,
Como proclamam todos os egoístas:
Basta verificar o amor profundo
Que transborda nas almas dos altruístas.

....

....

....

....

Mas é preciso que haja em todos nós
Um pouco de renúncia e de modéstia,
Uma nesga, uma fímbria ou fraca réstia
De solidariedade em nossa voz.

....
....
....
....

Cultivemos, senhores, a amizade
Em suas santas manifestações,
Sentindo as agonias e aflições
Das camadas servis da sociedade!

Por isso eu tenho – espírito de velho
Que não compreende a vida em solidão –
Meu particularíssimo Evangelho:
Amizade é a minha religião.

Ao encontro dessa verdadeira ode à amizade, apresento, por oportuna, a substanciosa conclusão do monsenhor **Gaspar Sadoc** (1916-2016)[5], da Igreja Nossa Senhora da Vitória, em Salvador/BA:

---

[5] Em 5 de novembro de 2009, o monsenhor Gaspar Sadoc proferiu esse pensamento ao visitar a Super Rádio Cristal AM 1.350, emissora da Super Rede Boa Vontade de Rádio, em Salvador/BA. Na ocasião, foi presenteado pela equipe de comunicação da LBV com um porta-retratos contendo a majestosa estampa de Jesus, o Cristo Ecumênico, o Divino Estadista, o que o →

— *Quando os amigos estão reunidos, até os ponteiros do relógio param, a gente não sente o tempo passar. A amizade é uma bênção de Deus.*

Dedico-lhes sempre este mantra sagrado da Religião de Deus, do Cristo e do Espírito Santo: Quem confia em Jesus não perde o seu tempo, porque Ele é o Grande Amigo que não abandona amigo no meio do caminho.

→ deixou muito comovido. Naquela data, aos 93 anos de vida e 70 de dedicação sacerdotal, ao ser entrevistado falou sobre sua trajetória, a simpatia dele pelo trabalho da Legião da Boa Vontade e sua amizade com Paiva Netto.

Valor do Altruísmo

Conforme assinalei em *Sociologia do Universo*[6], consoante nossa crença no valor do altruísmo ativo, ressalto que não é por acreditarmos nele, até na área dos negócios, que devamos ser considerados tolos. E, na mesma obra, enfatizei que a distorção do pensamento a respeito do abrangente conceito da Caridade[7] tem produzido grande prejuízo à esfera social. É preciso em definitivo entendermos que, em sentido lato, **o Mandamento Sublime da sobrevivência pessoal e coletiva é a Caridade.** Ela não se restringe ao simples, e às vezes cômodo, ato de dar o pão, porquanto **contribui, no seu mais amplo significado, para que o próximo se liberte espiritualmente** de todas as algemas que o escravizem à mediocridade, seja no campo ideológico, científico, religioso, filosófico, artístico, esportivo etc., pois nos convoca o raciocínio à necessidade de que, em tudo que realizarmos, devemos adicionar o espírito fraternal (...). Expande-se por todos os estratos da ação criativa humana, **onde aguarda o convite da Alma**

---

6 Uma das próximas obras literárias de Paiva Netto.

7 **O abrangente significado da Caridade** — *Vide* o primeiro volume das *Sagradas Diretrizes Espirituais da Religião de Deus, do Cristo e do Espírito Santo* (1987).

para manifestar-se. Eis por que convém sempre lembrar que **a primeira das emancipações é a espiritual**, que dá início às demais.

Chamo novamente a atenção para o fato de que somos, antes de tudo, Espírito, criados que fomos à imagem e semelhança de Deus (Gênesis, 1:26 e 27), que é, justamente, Espírito, consoante revelou Jesus à samaritana no poço de Jacó (Evangelho, segundo João, 4:24). Ora, a perfeição desse conhecimento plenamente se dará quando a humanidade compreender sua **Cidadania Espiritual**, que é anterior a todas as outras.

O autor brasileiro, jornalista e professor de literatura e teatro **Coelho Neto** (1864-1934) escreveu:

> — *A caridade é a virtude predileta de Deus.*

Jesus e a justiça econômica

E **Emmanuel** (Espírito), em seu livro *A Caminho da Luz*, psicografado por Chico Xavier, no capítulo 12, em "A Palavra Divina", tece belíssimas considerações sobre Jesus e a justiça econômica, a concórdia e o progresso dentro do Cristianismo do Cristo:

> *De Suas lições inesquecíveis, decorrem consequências para todos os departamentos da existência planetária, no sentido de se renovarem os institutos sociais e políticos da humanidade,* ***com a transformação***

moral dos homens dentro de uma nova era de justiça econômica e de concórdia universal.

Pode parecer que as conquistas do verdadeiro Cristianismo sejam ainda remotas, em face das doutrinas imperialistas da atualidade, mas é preciso reconhecer que dois mil anos já dobaram [ou seja, decorreram] *sobre a palavra divina. Dois mil anos em que os homens se estraçalharam em Seu nome, inventando bandeiras de separatividade e destruição. Incendiaram e trucidaram, em nome dos Seus ensinos de perdão e de amor, massacrando esperanças em todos os corações. Contudo, o século que passa deve assinalar uma transformação visceral nos departamentos da vida. A dor completará as obras generosas da verdade cristã, porque os homens repeliram o amor em suas cogitações de progresso.*

(O destaque é meu.)

Ousadia de nascer

Na entrevista que concedi ao veterano jornalista italiano radicado no Brasil Paulo Rappoccio Parisi, em 10 de outubro de 1981, *mutatis mutandis*, asseverei:

Precisamos banhar o capitalismo com o espírito ético da Caridade, que provém de Deus, **para que a ânsia desenfreada pelo capital, ou seja, a corrupção, não fragilize, de tempos em tempos, a Democracia,**

com os resultados que conhecemos muito bem. Do contrário, continuaremos a assistir, horrorizados, à negação do direito à liberdade, à vida, à saúde, ao estudo, ao emprego e à felicidade de multidões, **que cometeram a ousadia de nascer.**

Globalização sem espírito humanitário é prenúncio de novos conflitos, que a cegueira da ambição não deixa ver.

Muito além do mercado

Com a Economia da Solidariedade Espiritual e Humana, dentro da Estratégia da Sobrevivência, procuro demonstrar que, acima do mercado, **existe um requisito anterior a ele próprio**, que há de subsistir eternamente. **Trata-se do Espírito Eterno do ser humano** que, evoluído e valorizado como o Capital de Deus, torna-se o fulcro de equilíbrio da Economia, porque se contrapõe à ganância e à impunidade.

Afrânio Peixoto (1876-1947), médico baiano, deputado federal e escritor que marcou a ficção realista e impressionista do início do século 20, certeiramente expressou:

> — *Através do tempo o lucro impiedoso cresceu e campeou. É ele que faz as calamidades e as guerras, porque a ambição ilícita é que gera a ferocidade da espoliação e da conquista.*

Diante do exposto por esse eminente membro da Academia Brasileira de Letras (ABL), convém esclarecer que, ao falar no papel ainda não devidamente conhecido do Espírito Imortal na Economia, não proponho uma quimera inatingível. Refiro-me àqueles seres humanos que aplicam a consciência espiritual deles no dia a dia, pois estão plenamente cônscios — em Espírito e Verdade, pelo prisma do Novo Mandamento do Cristo — a respeito de sua verdadeira origem, que é divina, e, portanto, vivem a Cidadania do Espírito.

Com tal sabedoria, não poderão, sem más consequências para si mesmos, alegar-se vítimas de ceticismos nocivos ou fanatismos, visto que o Divino Dono do Capital chamado Espírito virá, por processos que a maioria ainda não deduz, cobrar dos seus reducionistas ou detratores os desvios. Reafirmo: **a Economia é a mais espiritual das ciências ou arte**, porquanto enfeixa o ordenamento dos bens imprescindíveis à sobrevivência das cidadãs e dos cidadãos e à melhoria da qualidade de vida, espiritual, moral e fisicamente falando. Abordar com apurado senso esse assunto é incumbência natural dos religiosos e mesmo dos descrentes em relação à existência da Divindade, mas que trazem dentro de si o apreço pela nobreza do semelhante. **Sem espírito solidário, não haverá civilização sobrevivente.**

Os sinais dos maus-tratos sofridos pelo nosso planeta são evidentes e demonstram a falta de caridade de muitos para com a morada que o Ser Onidirigente dos Mundos criou para a nossa evolução. O pastor evangélico **Paulo Leivas Macalão** (1903-1982) retrata em suas palavras a Bondade Sublime do Supremo Governante dos Universos e o descaso dos habitantes da Terra:

Recebemos há dias um grande e belo mamão, que nos foi oferecido como primícias. Quando o fruto foi partido ao meio, fiquei maravilhado com a quantidade de sementes que possuía.

Ao verificar o interior do mamão cheio de sementes, Deus me revelou duas grandes verdades: a abundância existente e o convite de Deus à fartura, e o nosso descuido, no comer os frutos: jogar fora as sementes.

Allan Kardec, conhecido como "o Codificador do Espiritismo", registra em *O Livro dos Espíritos*, pergunta 685, lição que vem ao encontro do que estamos expondo:

> — *A ciência econômica procura remédio para isso* [o mercado de trabalho] *no equilíbrio entre a produção e o consumo. Mas, esse equilíbrio, dado seja possível estabelecer-se, sofrerá sempre intermitências, durante as quais não deixa o trabalhador de ter que viver. Há um elemento, que se não costuma fazer pesar na balança e sem o qual a ciência econômica não passa de simples teoria. Esse elemento é a educação, não a educação intelectual,* ***mas a educação moral. Não nos referimos, porém, à educação moral pelos livros e sim à que consiste na arte de formar os caracteres, à que incute hábitos, porquanto a educação é o conjunto dos hábitos adquiridos.***
>
> (O destaque é meu.)

Urge **um grande serviço ecumênico de reeducação**, de modo que todas as barreiras de ódio sejam derrubadas. Há certos ensinamentos que devem ser reiterados, por exemplo: **o problema não é bem de leis, mas de homens, porquanto, como já escrevi, não há regime bom enquanto o homem for mau**[8] (desculpem o cacófato). A presente globalização requer, para que resulte em maior estabilidade para o orbe que habitamos, a **pacificação dos corações**. Batalha mais árdua, bem mais desafiadora — quando a insensatez resiste ao progresso do Espírito que anima o ser humano — do que as guerras que têm ensanguentado as páginas da História. Diante das dificuldades, jamais se esqueçam: quando a Boa Vontade dos seres humanos se une à Boa Vontade de Deus, **não há obstáculos intransponíveis**. Dure o tempo que for preciso para se concretizar a imprescindível Cultura de Paz, porquanto

> — ***tudo é possível àquele que crê*** (Evangelho, segundo Marcos, 9:23),

como preconizou o Administrador Celeste, que sempre soube o que pregava.

Respeitado o livre-arbítrio de todos, é imperativo que haja união, enquanto é tempo, para o que se tor-

[8] Esse pensamento se encontra no artigo de Paiva Netto intitulado "Leis e homens", publicado em diversos veículos de comunicação, a exemplo da *Folha de S.Paulo*, em 8 de novembro de 1987.

nam absolutamente necessárias **paciência e audácia**, fatores preponderantes para **o advento da nova Economia, alicerçada nas Leis Econômicas de Jesus.**

Sem eliminar o povo

Qualquer país em crescimento precisa fortemente enfrentar (sem suprimir a sua gente!) os desafios de um mundo que se transforma em alta velocidade. Nenhuma nação surgiu pronta, nem mesmo as que hoje eventualmente comandam o planeta com punho de ferro. Os povos são grandes, seus dirigentes não podem ser mesquinhos, porquanto insensíveis.

Era superglobalizante e perigo

Sempre existirá a necessidade de trabalho, como haverão de entender os corifeus desta era superglobalizante.

Quando proferi essa afirmativa, na década de 1990, e também agora, algumas vozes temiam, por determinados motivos, o decréscimo avassalante do emprego, como diversos consideraram desde a época da primeira revolução industrial, no século 18. No entanto, nesses tempos de profundas transformações que tiveram origem na Inglaterra e que de lá se espalharam para o mundo, se alguns tipos de serviço se desfizeram, muitos surgiram. E com eles extraordinárias conquistas para os trabalhadores.

Contudo, é indispensável que subsistam preocupações **ESPÍRITO-sociais efetivas** para com as massas indigentes dos países menos desenvolvidos e/ou em guerra (sem esquecer que até os emergentes e os desenvolvidos possuem multidões em estado de penúria. Basta visitar as periferias das metrópoles). E que se tomem as medidas cabíveis. A qualquer momento, a mundialização trará consequências de lado a lado. **Não há mais departamentos estanques na**

sociedade. A poluição que o diga. Um dia, a casa pode cair. Mesmo!

Benjamin Franklin (1706-1790), um dos líderes da Revolução Americana de 1776, apropriadamente apontou que

— *Só sabemos o valor da água quando o poço seca.*

Touché!

Respeitado o livre-arbítrio de todos, é imperativo que haja união, enquanto é tempo, para o que se tornam absolutamente necessárias paciência e audácia, fatores preponderantes para o advento da nova Economia, alicerçada nas Leis Econômicas de Jesus.

Solidária expansão do Capital de Deus

Não há limites para a solidária expansão do Capital de Deus: o ser humano com o seu Espírito Eterno. Avancemos um pouco mais: o Espírito Eterno do ser humano, o Cidadão Espiritual!

No porvir, essa Divina Verdade se tornará uma certeza irrefragável para a consciência humana: finalmente compreender que **o Espírito Imortal esclarecido é o moto-perpétuo** de todo o desenvolvimento sem poluições e também o inderrotável advogado de defesa da paz desarmada. **A Alma integrada no Criador promove o progresso sem destruição**, algo que prego há décadas[9].

---

[9] Leia o subtítulo "Progresso sem destruição", em *As Profecias sem Mistério* (1998), de autoria do escritor Paiva Netto.

Competência e trabalho

Ó preguiçoso (...), enquanto dormes, a pobreza o atacará como um ladrão armado.
(Provérbios, 6:9 e 11)

Sob condição alguma, podemos admitir preexcelências formais. **Valor se prova com capacidade e trabalho.**

Exata é a comparação feita por **José de Alencar** (1829-1877), advogado, jornalista, político e romancista cearense, no tocante ao significado da labuta diária para o nosso crescimento pessoal:

— *À têmpera d'alma sucede o mesmo que à têmpera do aço; em sendo boa, quanto mais se lhe calca, mais forte ela brande.*

Daí ser oportuno recordar uma palavra constante da obra *A ética protestante e o espírito do capitalismo*, de **Max Weber** (1864-1920) — economista e jurista alemão, filho de pais protestantes, considerado um dos fundadores da Sociologia —, em que investiga a relação entre a conduta econômica e suas raízes religiosas, ao estudar a visão do Protestantismo asceta, que estava associado a um maior desenvolvimento cultural e econômico na Europa:

> — *O trabalho é sobretudo o próprio fim da vida, tal como foi prescrito por Deus. A frase do Apóstolo Paulo "quem não trabalha não coma"*[10] *(...) vale para todos.*

O labor move o mundo. Jamais se esqueçam: **todas as vitórias estão decididamente ao nosso alcance pela força do nosso próprio e valoroso trabalho!**

Daí ser a missão da LBV, há tanto proclamada: **promover Desenvolvimento Social, Solidário e Sustentável, Educação e Cultura, Arte e Esporte, com Espiritualidade Ecumênica, para que haja Consciência Socioambiental, Alimentação, Segurança, Saúde e Trabalho para todos, no despertar do Cidadão Planetário.**

---

[10] **Segunda Epístola de Paulo aos Tessalonicenses, 3:10** — *"(...) se alguém não quiser trabalhar, não coma também".*

Quem comprará?

Uma pergunta aos eventuais "senhores" do mundo: Se os países de poucos ou médios recursos não se desenvolverem, quem comprará a produção crescente da esfera tecnológica ou pós-internética?

E este mesmo mundo dá tantas voltas que poderão, em breve, surgir grandes surpresas. Por exemplo: quem hoje é hegemônico no cenário geopolítico amanhã poderá ser o dominado. A história de nosso orbe é um indesmentível retrato disso[11].

— *Hodie mihi, cras tibi. (Hoje, eu; amanhã, você).*

Traduzindo em linguagem popular: "O que hoje me atormenta amanhã poderá ocorrer a você", ou, "hoje, sou fraco e você, forte; amanhã, poderei ser forte e você, não".

---

[11] Trecho de discurso de Paiva Netto, em 1991, durante a pregação da famosa série radiofônica "O Apocalipse de Jesus para os Simples de Coração". De lá para cá temos visto a concretização dessa afirmativa. Muito já se mudou no tabuleiro mundial.

Da inteligência à sabedoria

O Capital de Deus, o Cidadão Espiritual, deve pensar com o coração e sentir com a mente; **elevar-se da inteligência à sabedoria**, para construir a Sociedade realmente Solidária Altruística Ecumênica; considerar, por exemplo, que, se não houver supremo respeito ao maior produtor (o ser humano) e ao maior consumidor (também o ser humano), o mercado, como hoje é estabelecido, poderá levar a breca. Os Tempos chegaram; portanto, são outros, apesar de a maioria não perceber, fato que é comum na História. Na sua forma de comunicar sem rodeios, os mais velhos, entre eles minha sábia mãe, **Idalina Cecília de Paiva** (1913-1994), ensinavam:

— *Quem tudo quer tudo perde!*

E perde mesmo. Os Impérios Assírio, Macedônico, Persa, Otomano, Mongol, Romano, entre outros, que o digam.

Vejamos o que admoestou Jesus quanto ao Tempo do Fim:

A vinda do Reino de Deus

*26 Assim como aconteceu no tempo de **Noé**, será*
também nos dias do Filho de Deus:
27 comiam, bebiam, casavam e davam-se em casa-
mento, até ao dia em que Noé entrou na arca, e veio
o dilúvio e os consumiu a todos.
*28 O mesmo ocorreu na época de **Ló**: comiam, be-*
biam, compravam, vendiam, plantavam e edifica-
vam;
29 mas, no momento em que Ló saiu de Sodoma,
choveu do céu fogo e enxofre e os consumiu a todos.
30 Assim será quando o Filho de Deus se manifes-
tar.

(Evangelho, segundo Lucas, 17:26 a 30)

Grandes eras de mudanças

Utilizo aqui essa expressão "Fim dos Tempos", em vez de "fim do mundo", pois não acredito que o planeta vá literalmente acabar, mas transformar-se, conforme explico em *As Profecias sem Mistério* (1998):

Avizinha-se de nós o término do reino da maldade, da impunidade, da insensibilidade, contudo o início da regeneração. (...) Vivemos constantemente pequenos ciclos de transformações apocalípticas, ou seja, de restrita representação histórica, espiritual e humana, ante as grandes eras de mudança, igualmente apocalípticas, como esta que passamos. Está, portanto, sempre ao nosso lado a oportunidade de reconstrução, nesses pequenos ciclos que se sucedem, pois Jesus, **todos os dias**, nasce e renasce nos corações de Boa Vontade e também porque Deus declara no Apocalipse, 21:5:

— ***Eis que faço novas todas as coisas***,

tais como: a Nova Jerusalém, o novo Céu, a nova Terra, para quem alcançar merecimento. De acordo, pois, com o que o próprio Pai Celestial já anunciara, pela voz do Profeta Isaías, no Antigo Testamento da Bíblia Sagrada, 65:17 e 18, aos que se tornarem credores dos Tesouros Celestes:

Novos Céus e Nova Terra

17 Eis que Eu crio Novos Céus e Nova Terra; e não haverá mais lembrança das coisas passadas, jamais haverá memória delas.

18 Mas vós alegrareis e exultareis perpetuamente no que Eu crio; porque eis que crio para Jerusalém alegria e para o seu povo, regozijo.

Respeito a si próprio e aos outros povos

Um país que deseja realmente prosperar não pode ser xenófobo. Entretanto, deve decidir com acerto o que pretende da vida. Para isso, urge levar em consideração as suas origens, raízes, tradições, história; respeitar a si próprio ou a si própria e às outras pátrias, o que não significa deixar, quando necessário, de defender-se, preferencialmente de modo civilizado, diplomático; amar o progresso, mas não ser engolido por ele. Por exemplo: o descuido criminoso que provoca o massacre do planeta e de sua humanidade com a poluição do ar, das águas, dos alimentos; e mais: o aumento do sedentarismo, que acarreta os mais variados tipos de doenças; das alergias, que atacam as gentes desde a infância, e que, portanto, andam abreviando a vida das populações ao mesmo tempo em que a Ciência se aprimora e procura prolongar a existência humana. Como diz a sabedoria popular:

— *Dá-se de um lado e se tira do outro.*

Mas estamos, com muito denodo, promovendo a **Revolução Mundial e Sociocultural dos Espíritos**

de Luz, na Quarta Revelação — a Religião de Deus, do Cristo e do Espírito Santo —, a fim de estabelecer o perfeito equilíbrio entre a humanidade da Terra e a Humanidade do Céu da Terra. Com isso, os cidadãos planetários, valorizando identidades e diversidades, desenvolverão não apenas uma necessária consciência global, todavia, ao transcenderem restrições de espaço-tempo, **viverão plenamente a responsabilidade cósmica sobre os costumes que lhes compete**. Eis a integração total na Cidadania do Espírito.

A defesa de todos nós

O renomado educador norte-americano **Booker T. Washington** (1856-1915) — primeiro presidente da lendária *Tuskegee Normal and Industrial Institute* (hoje Universidade de Tuskegee), no Alabama (EUA), que se dedicou a criar condições melhores de crescimento individual para os ex-escravos e seus descendentes e para os indígenas — escreveu:

— *Não há defesa ou segurança para nenhum de nós a não ser na mais alta inteligência e desenvolvimento superior de todos.*

A relevância das palavras deste que foi conselheiro de presidentes dos Estados Unidos fala por si mesma em virtude de seus incansáveis esforços e coragem. Não foi à toa que ele se tornou um dos maiores e mais influentes oradores da comunidade negra de seu país.

É evidente que, hoje, essa reflexão se aplica a toda a raça humana, o Capital de Deus, consoante seguramente desejava, na profundidade de seus anseios, o infatigável dr. Booker, cuja Alma vislumbrava um futuro em que o **racismo**, que considero **um cancro social**, não mais exista.

Quem faz o pão...

A Economia não pode ser o reino do egoísmo. Ora, ela está aí para beneficiar todos os povos, compartilhando decentemente os bens da produção planetária. Se isso, porém, não ocorre, é porque se faz necessária uma mudança espiritual-ética de mentalidade, principalmente pelo prisma do Novo Mandamento de Jesus, o Provedor Celeste, pois ensina que nos devemos amar como Ele nos tem amado:

> — *Amai-vos como Eu vos amei. Somente assim podereis ser reconhecidos como meus discípulos, se tiverdes o mesmo Amor uns pelos outros* (Evangelho, segundo João, 13:34 e 35).

E dá a medida desse sentimento ao definir:

> — *Não há maior Amor do que doar a própria vida pelos seus amigos* (Evangelho, segundo João, 15:13).

Senão, os predadores das multidões podem ganhar a batalha, que a eles no devido tempo, da mesma forma, consumirá. **O desprezo às massas populares é multiplicação de desesperados.** Certamente, alguém já concluiu que quem faz o pão deve, de igual modo, ter direito a ele.

Qualidades comuns aos idealistas

Esses exemplos que lhes apresento podem parecer românticos aos pragmáticos. Naturalmente que me refiro aos sem-Fraternidade, pois existem os que têm a Alma cheia de sentimentos benévolos. Aliás, certa vez eu disse a um grupo de amigos o seguinte: Ser idealista, sim. Mas, por favor, com talento e pragmatismo. **É preciso ter ideal e, sobretudo, ser capaz de realizá-lo bem, para continuar merecendo as bênçãos de Deus.**

O Brasil virá a tornar-se, num crescendo, Coração do Mundo e Pátria do Evangelho-Apocalipse Ecumênico, até que essas qualidades sejam comuns entre seus habitantes. Então, verdadeiramente se transformará no celeiro do planeta. Não apenas do fruto que se ceifa do chão, mas também daquele que se colhe da Alma.

Reação avassaladora

O mercado, sempre que gerido de forma desumana — portanto, irresponsável —, lesa nações, ameaçando desencadear nelas o fim da Democracia. Pode provocar reação avassaladora, a tudo afetando subitamente. **Globalização sem espírito humanitário é prenúncio de novos conflitos, que a cegueira da ambição não deixa ver.**

Em geral, depois de debacles financeiras ou econômicas no mundo, irrompem as condições para as piores guerras. Basta observar a ascensão do nazismo, após a falência da República de Weimar, que resultou na Segunda Guerra Mundial e suas atrocidades indizíveis. Urge colocarmos em prática a análise da diplomata e política indiana **Vijaya Lakshmi Nehru Pandit** (1900-1990), irmã do primeiro ministro da Índia **Jawaharlal Nehru** (1889-1964), sendo a primeira mulher a presidir, em 1953, a Assembleia Geral das Nações Unidas:

— *Quanto mais suor na paz, menos sangue na guerra.*

Economia e Caridade[12]

Teremos o ensejo de assistir à época em que **a Economia terrestre será bafejada pelo espírito de Caridade**, entendida como força altruística e altamente estratégica, porque a **Luz de Deus** avança pelos mais recônditos ou soturnos ambientes do pensamento e da ação humanos. **É a Divina Luminosidade que não cria sombras.**

A maior riqueza

Durante a série radiofônica "O Apocalipse de Jesus para os Simples de Coração", em 16 de novembro de 1991, perguntei à audiência:

Qual é a maior riqueza de um país, aquela que extrapola a que se encontra protegida nos cofres bancários? Ao que respondi: **somos todos nós, o Capital de Deus. Nós somos a economia com os nossos atos. Em nossa Alma reside a capacidade de mudar para melhor a triste realidade do mundo**, guiados pelo lu-

[12] **Economia e Caridade** — Texto originário da pregação da série radiofônica "O Apocalipse de Jesus para os Simples de Coração", levada ao ar de outubro de 1990 a fevereiro de 1992. Hoje mesmo você pode acompanhá-la pelas ondas da Super Rede Boa Vontade de Rádio ou pelo *app* Boa Vontade *Play* (baixe o aplicativo pela loja de seu celular ou *tablet*).

zeiro do Santo Evangelho e do Apocalipse Redentor do Provedor Celeste, Jesus! Ele nos incentiva a todo momento a seguirmos por sendas corretíssimas:

> — *Eu sou a Luz do mundo. Quem me segue não andará em trevas; pelo contrário, terá a Luz da Vida.*
>
> Jesus (João, 8:12)

Sigamos, pois, as estradas benditas, abertas pelo Economista Divino. Isso é Política de Deus, a Política para o Espírito Eterno do ser humano. Daí preconizarmos sempre que **a Economia precisa mostrar a sua Humanidade, a sua Misericórdia, a sua Dimensão Espiritual**. E isso tudo são os alicerces da Economia da Solidariedade Espiritual e Humana, que faz parte da Estratégia da Sobrevivência, **nesta e na "Outra Vida"**.

A Mulher, a criança e a estabilidade do mundo

A mulher, o lado mais formoso da humanidade, singulariza o alicerce de todas as grandes realizações. Aquilo que fisicamente nos constitui é gerado em seu ventre. Componentes do gênero feminino se traduzem em elemento preponderante para a sobrevivência das boas causas. Organizações estáveis contam com mulheres estáveis. O meu fito aqui é ressaltar quanto é primacial para a evolução humana e a segurança do mundo a missão da mulher. Nossos primeiros passos no desenvolvimento da cidadania são por ela guiados, ao nos conduzir pelas mãos. **A estabilidade do mundo começa no coração da criança.** Por isso, na LBV vanguardeiramente aplicamos, há tantos anos, a Pedagogia do Afeto e a Pedagogia do Cidadão Ecumênico.

Um exemplo heroico de mulher integrada em Deus provém de **Maria Santíssima**, a Mãe de Jesus! Leiam esta descrição do Espírito Irmão Flexa Dourada, pela psicofonia do Sensitivo Cristão do Novo Mandamento Chico Periotto, em 1º de setembro de 2018, na cidade do Rio de Janeiro:

Que mulher forte, hein?! Que mulher forte! Não vejam ***Maria*** *como uma mulher estática, jamais. O Irmão de Paiva sabe bem disso. Fez as músicas da "Ave, Maria!", dedicando ao coração dela.* ***É uma mulher altamente combativa.*** *Tem na Alma tudo de que precisa para ajudar as regiões mais baixas, os umbrais*[13]*. E* ***ela comanda Espíritos fortes!***

Quando dizemos que ela é protetora dos que sofrem, isso é a plena realidade. ***Ela é a protetora que representa o Cristo nessas horas de dificuldade do Espírito.*** *O Espírito está caído naquelas regiões dos vales dos suicidas, dos vales dos homicidas, no Mundo Espiritual, e ela está lá, com a sua tropa toda, espalhando Luz, tentando recuperar as Almas. E consegue! Consegue recuperar muita gente, muitos Espíritos, porque o arrependimento também existe.*

Não que Deus vá aliviar a prova, porque, se a pessoa errou, vai pagar. Para isso, Ele estabelece essas regiões,

---

[13] **Nota de Paiva Netto**

Umbral — Em minha obra *A Missão dos Setenta e o "lobo invisível"* (2018), escrevi: Segundo nos relata o Espírito André Luiz, em *Ação e Reação*, *"situado entre a Terra e o Céu,* [o Umbral] *é dolorosa região de sombras, erguida e cultivada pela mente humana, em geral rebelde e ociosa, desvairada e enfermiça"*. É onde o Espírito, pelo sofrimento provocado por ele mesmo, revê os erros que praticou e se prepara para novas oportunidades de crescimento espiritual. A existência do Umbral é mais generosa do que a ideia do inferno eterno, porque aquele propicia nova oportunidade ao infrator; este, não. O nobre Irmão dr. Bezerra de Menezes faz sempre questão de salientar: ***"Umbral também é Caridade"***.

Maria e o Menino Jesus, pintura de Roberto Ferruzzi (1853-1934).

mas há um momento em que aparece o caminho para a Luz, o Espírito não vai ficar eternamente naquele fogo devastador. É só ler os livros espirituais aí para ver como essas regiões são importantes no resgate dos erros. E quantos Espíritos vão subir, vão se elevar!

Ética humanitária e prática

É urgente que a atuação desumana do mercado seja confrontada por **uma ética verdadeiramente humanitária e prática**, cujo nome é Caridade, sem a qual ninguém pode viver, pois é sinônimo de Amor.

Alma e cartão de crédito

11 Vi ainda outra besta emergir da terra; possuía dois chifres, semelhantes aos de um cordeiro, mas falava como dragão.
16 A todos, os pequenos e os grandes, os ricos e os pobres, os livres e os escravos, faz que lhes seja dada certa marca sobre a mão direita, ou sobre a fronte,
17 para que ninguém possa comprar ou vender, senão aquele que tenha a marca, o nome da besta, ou o número do seu nome.

(Apocalipse de Jesus, 13:11, 16 e 17, "A besta que emerge da terra")

No início da década de 1990, numa palestra para um grupo de jovens, a respeito dessa passagem bíblica, teci as seguintes considerações:

Parece-me estupidez ser contra o mercado em si. Contudo, **o que deve vir em primeiro lugar: o cidadão ou o consumidor? Sua Alma ou seu cartão de crédito? A dignidade humana ou o cifrão na testa? O bom sentimento ou o talão de cheques?** Jesus, o Provedor Celeste, em Seu Santo Evangelho, consoante os relatos de Marcos, 8:36, a todos adverte:

— ***De que adianta ao homem conquistar o mundo inteiro e perder a sua Alma?***

Sou a favor das criaturas. Os economistas também constituem Espírito antes de ser carne. Daí a nossa assertiva de que **a Energia Inteligente, a qual muitos chamam de Alma, deve ser o fulcro da Ciência (ou Arte) denominada Economia**, em torno da qual gira a sociedade humana (...). O restante será consequência do Bem que proporcionarmos às pessoas por intermédio da Educação, que nos torna mais civilizados; da boa instrução, que facilita a conquista do emprego; e da Espiritualidade Ecumênica, que, por exemplo, nos vai libertando da mentalidade bélica, por sinal, geradora da indústria da guerra, ainda dominante, apesar de ser um monstro detestável.

(...) Por isso, seguindo a pregação de Alziro Zarur, sou defensor da primeira grande reforma: **a do ser humano**.

É importante novamente ressaltar o que o saudoso fundador da Legião da Boa Vontade preconizava:

— *Governar é ensinar cada um a governar a si mesmo.*

Ouvem o galo cantar...

Dizem não ser a Economia, até por motivos climáticos, uma ciência exata. No conhecimento que vigora em nossos dias, nada mais realístico. No entanto, quando a aceitação integral da **Alma como agente da evolução terrestre** for, com efetividade, admitida pelos homens práticos deste planeta, a exatidão dos planejamentos econômicos tornar-se-á uma certeza, porque manteremos contato consciente com os nossos Anjos da Guarda, que dão rumo até mesmo aos fatos comuns da Natureza. Temos, no Apocalipse, um ótimo exemplo quando os Anjos tocam as Trombetas e lançam os Flagelos:

O Sétimo Selo.
Os Sete Anjos com as suas trombetas
(Apocalipse, 8:1, 2, 5 e 6)

— *Quando o Cordeiro de Deus abriu o sétimo selo, fez-se grande silêncio no céu cerca de meia hora. Então, vi os sete Anjos que se acham em pé diante de Deus, e lhes foram dadas sete trombetas. E o Anjo tomou o incensário, encheu-o do fogo do altar e o atirou à Terra. E **houve trovões, estrondos, vozes, relâmpagos e um grande terremoto**. Então, os sete*

Anjos que tinham as sete trombetas prepararam-se para fazê-las tocar.

E, ainda no Evangelho, segundo Mateus, 8:23 a 27, o próprio Jesus aplaca a tempestade[14] que surpreende Seus discípulos. Eles, tremendo de pavor, pedem socorro ao Mestre.

Isso não é misticismo oco. É coisa séria. Convém que nos lembremos dos conceitos da Física Quântica, relativamente às infinitas possibilidades que seguem expostas ao entendimento humano. Não é como pensam, por mais competentes que sejam, os que permanecem aprisionados, pelo intelecto, aos aflitivos horizontes do raciocínio geocêntrico — como destaquei anteriormente nesta obra —, apesar de astronomicamente não mais acreditarem na doutrina ptolomaica. Para eles, no campo erudito, a Terra continua sendo o centro do Universo.

Em geral, ao fim de suas vidas, a visão materialista do mundo provoca-lhes desilusões dolorosas. É só perguntar aos seus travesseiros, os quais não costumam mentir para manter *status*. A aproximação do falecimento do corpo suscita lucubrações que são desprezadas quando o ser humano encontra-se pleno de saúde e a única inafastável fatalidade da existência, a morte, parece longínqua.

---

[14] **Jesus aplaca a tempestade** — Leia sobre o assunto no próximo capítulo.

Que bom seria se os nossos maiores pensadores, homens e mulheres probos que são, deixassem os seus corações, geralmente bem formados, falar um pouco mais alto às suas mentes, que *"ouvem o galo cantar, mas não sabem onde"*. **Quando cérebro e coração, ecumenicamente educados e espiritualizados, decidirem juntos, a humanidade terá encontrado o seu verdadeiro destino.** Disse Jesus:

> — *Nem só de pão vive o homem, mas de toda Palavra que provém de Deus* (Evangelho, segundo Mateus, 4:4).

Democracia e responsabilidade

É necessário que compreendamos e ensinemos nas nossas escolas que **a Democracia é o regime da responsabilidade, do respeito sincero à razão, à inspiração e aos direitos dos povos**. Seres humanos idôneos conservam e fazem crescer o regime democrático. Torna-se imprescindível, pois, formar relações de entendimento entre as criaturas terrenas, conscientes de seus compromissos morais e espirituais, portanto, de consideração uns pelos outros, não somente por palavras, mas principalmente por atos, atos e mais bons atos.

Continua faltando Humanidade à humanidade, e sem esse sentido a Democracia debater-se-á nos prolegômenos de sua verdadeira vivência.

Diante da ausência de Fraternidade entre os cidadãos, é pertinente a expressiva denúncia de **Tobias Barreto** (1839-1889), escritor brasileiro marcado no campo da Filosofia por sua atuação polêmica contra o conformismo retórico:

> — *A sociedade não é ainda, como queria Jesus, a organização do amor, nem a organização do trabalho, mas a da hipocrisia.*

Se a sociedade planetária prosseguir agindo irresponsavelmente, chegaremos a um estado calamitoso insustentável, que levará o mundo a conflitos de amplas proporções, com o uso de todos os fatores disponíveis como pano de fundo para promover guerras. Testemunharemos, então, o que o carismático político gaúcho **Getúlio Vargas** (1882-1954), um dos mais importantes estadistas do Brasil, apesar de ditador, anunciava:

— *Nos períodos de exaltação e de luta não é raro vermos a democracia matando em nome da liberdade e a fé religiosa trucidando em nome de Deus.*

Carl von Clausewitz (1780-1831), militar prussiano, sentenciou algo que se tornaria proverbial para a mentalidade imperialista:

— *A guerra é a mera continuação da política por outros meios.*

No entanto, Tancredo Neves observou bem:

— *A guerra não é a continuação da política por outros meios, mas a sua frustração.*

Qualquer ato ou mentalidade que leve ao derramamento de sangue é desumano e injustificável.

Oportuno se faz acrescentar aqui pequenas considerações que registrei em "Quanto à Abrangência do Templo da Boa Vontade"[15], essenciais para compreendermos a amplitude de nossas decisões, em particular, no âmbito espiritual, muitas vezes esquecido:

União consciente das Duas Humanidades

Quais, por exemplo, as consequências de um político realmente saber que a Vida continua após a morte do corpo físico? E, ainda mais, reconhecer que existem, no Espaço Superior, políticos capacitados a inspirar-lhe grandes decisões, sem lhe tolher o livre-arbítrio, pois o relacionamento será consciente? E, da mesma forma para os religiosos, os filósofos, os cientistas, os economistas, os artistas, os esportistas, os operários, as donas de casa, os professores, os médicos, as enfermeiras, os bombeiros, os taxistas, os garis, entre outros, porque **o Mundo Espiritual não é uma abstração**.

No Templo da Boa Vontade (TBV), a sede espiritual da Religião de Deus, do Cristo e do Espírito Santo, eles não irão fazer suas orações movidos por fé cega, mas, sim, pela convicção plena de que o exercício da

---

[15] **Quanto à Abrangência do Templo da Boa Vontade"** — Constante do segundo volume de *Sagradas Diretrizes Espirituais da Religião de Deus, do Cristo e do Espírito Santo* (1991), de autoria do escritor Paiva Netto.

prece vai prepará-los, colocando-os em sintonia com o Governo Invisível da Terra, para melhor atuar em cada um desses campos de vida espiritual-humana, transformando o mundo, de acordo com a Soberana Vontade de Deus, que a tudo dirige. Deus que é Onipotente, Onisciente, Onipresente e Onidirigente.

Irão, pois, ao Templo da Boa Vontade e ao Parlamento Mundial da Fraternidade Ecumênica, o ParlaMundi da LBV, para, por força do Espírito, desenvolver seus talentos, cada um na sua área de atuação. Porque, afinal de contas, **somos todos nós o Capital de Deus, que deve ser valorizado, levando-se em conta a Sabedoria Celeste**.

* * *

Eis o motivo, pois, de ter Alziro Zarur afirmado que

> — *o segredo do governo dos povos é unir a humanidade da Terra à Humanidade do Céu (...).*

Contudo, ele tece, logo em seguida, comentário fundamental para que, no futuro, não haja quaisquer distorções de seu ensinamento tão profundo:

> — *(...) sob os auspícios do Novo Mandamento de Jesus, que nos convoca à necessidade de nos amarmos uns aos outros como Ele nos amou.*

Porquanto, **somente o Amor, elevado à enésima potência, como é o Dele, Jesus, pode manter puras e eficazes as lições que descem do Pai Celestial aos Seus filhos na Terra.** É necessário manter o equilíbrio das Coisas Santas quando elas chegam à esfera humana. Por isso talvez tenha dito o papa **João Paulo I** (1912-1978), o Papa Sorriso:

— *O exagero é o grande deformador de coisas que, a princípio, são boas.*

Ao me referir à Solidariedade Espiritual e Humana, quero reforçar que se trata de uma Estratégia Divina, pedagógica, a nos ensinar a viver fraternalmente irmanados. A outra face disso é a perspectiva sinistra da guerra de todos os tipos, que é vigorosamente rejeitada pelo Cidadão do Espírito.

Bonaparte, a espada e o verbo

Napoleão Bonaparte acertadamente concluiu, quando relatou o seguinte ao **Marquês Fontanes** (1757-1821), em 1808:

> — *Fontanes, você sabe o que eu mais admiro no mundo? (...) É a impotência da força para organizar qualquer coisa.*
> *Há somente duas forças no mundo: o **Espírito e a espada**. E **o Espírito sempre conquista a espada**.*
> (Os destaques são meus.)

Na mesma sintonia se encontra o seguinte adágio, que dentre os diversos personagens que o teriam citado, desde a Antiguidade, estaria também o famoso general francês:

> — *A pena é mais poderosa que a espada.*

Hoje, diante dos aparatos técnicos criados pela Ciência, devemos inferir que o efeito da imagem (cinema, TV, internet, celular etc.) é superior. Alguém já disse, com muita propriedade, que uma fotografia vale mais que mil palavras. **Mesmo assim, sem dúvida, o verbo**

é ainda mais forte do que qualquer arma, à medida que move a mente, exalçando-a com o coração bem formado. Um dia, isso será regra vencedora no mundo, quando a avidez de **Marat** (1743-1793)[16] pela morte não mais possuir a influência que ainda tem em mãos.

Lembremo-nos de que importantes decisões e mesmo exércitos são postos em marcha sob o impulso da fala ou da tinta de poderosos oradores ou firmes escritores. O destacado médico brasileiro **Miguel Couto** (1864-1934), que muito se preocupava com a Educação em nosso país, em determinada ocasião, avaliou:

> — *Nada mais vale no homem como força do que a palavra, capaz de todo o bem e capaz de todo o mal.*

Por isso, quem fala ou escreve precisa rememorar-se desta advertência de Jesus, em Seu Evangelho, consoante Mateus, 12:35 a 37:

---

[16] **Jean-Paul Marat** (1743-1793) — Esse médico, filósofo, teórico político e cientista foi um jornalista radical durante a Revolução Francesa, conhecido e respeitado por seu caráter impetuoso e pelas teses que defendia em seu jornal *L'Ami du peuple* (O Amigo do povo). Cunhou o uso moderno da expressão "inimigo do povo" e publicou extensas listas desses "inimigos" em seu periódico, de modo que fossem guilhotinados. A sede por sangue de Marat acabou por levá-lo à morte: foi assassinado por uma simpatizante dos adversários chamada **Charlotte Corday** (1768-1793), que, diante do tribunal que a condenou à morte, confessou: *"Matei um homem para salvar cem mil; um celerado para salvar inocentes; um animal feroz para dar paz ao meu país"*.

— *O homem bom tira boas coisas do seu bom tesouro, mas o homem mau tira más coisas do seu mau tesouro. Em verdade, em verdade vos digo que, de toda palavra ociosa que falarem os homens, dela darão conta no Dia do Juízo; porque* ***pelas tuas palavras serás justificado, e pelas tuas palavras serás condenado****.*

E Zarur, em suas inspiradas pregações fraternas, sempre reforçava:

— ***Uma palavra pode salvar uma vida. Uma palavra pode perder uma vida.***

Sobre isso, certa vez, exclamei: Deus nos livre de causar dano a quem quer que seja, neste ou no Outro Plano! Reitero sempre às nossas equipes da **Comunicação 100% Jesus** que, **se o serviço é para Ele, o melhor ainda não é o suficiente**. Portanto, não desprezemos a comunicação e o *marketing* transmitidos, por meio da intuição, pela Humanidade de Cima, ou seja, pelos Espíritos de Deus, a nós.

POVO

A riqueza de um país

A fortuna do Brasil são os brasileiros e os estrangeiros que honram a sua hospitalidade. **A riqueza de um país é o seu povo**, conforme reafirmei na entrevista que concedi a **Rosemar dos Santos**, para a Rádio Santa Catarina, de Florianópolis/SC, Brasil, em 1982.

Digna de elogio é a postura do político mineiro **Juscelino Kubitschek** (1902-1976), o "presidente bossa nova"[1], que dirigiu a nação entre 1956 e 1961 e se empenhou em fazê-la crescer "cinquenta anos em cinco", tendo a coragem de transferir a capital do país do Rio de Janeiro para Brasília, no Planalto Central:

> — *E aqui vos declaro, solenemente, com o espírito voltado para a grandeza de nossa Pátria, que a minha meta capital, nesta nova arrancada cívica, é a paz da família brasileira. Paz pelo desenvolvimento econômico. Paz pelo equilíbrio regional da riqueza. Paz pelo aprimoramento político. Paz pela educação. Paz pelo respeito da liberdade. Paz com todas as nações do mundo.*

---

[1] **JK, "o presidente bossa nova"** — Expressão eternizada pelo cantor, compositor e humorista **Juca Chaves**, popularmente conhecido como o "Menestrel do Brasil", na melodia *Presidente Bossa Nova*.

Eis um bom exemplo a ser seguido por todos os estadistas sérios e comprometidos com a população do planeta.

Das ruas às universidades

Renovar-se espiritualmente é um anseio flagrante dos povos, que se patenteia desde as ruas às bancas universitárias.

Racismo é obscenidade

A luta contra a discriminação racial sempre foi um ponto marcante em nossa palavra, durante as transmissões legionárias da Boa Vontade. Isso suscitou uma série de entrevistas por mim concedidas à imprensa, a exemplo da realizada pelo meu saudoso amigo Paulo Rappoccio Parisi, em 10 de outubro de 1981. Naquela ocasião, ele me arguiu:

— *O senhor julga que o racismo já foi vencido em nossas fronteiras?*

Ao que respondi: Absolutamente, não. O racismo continua feroz no Brasil, embora se apresente de modo enrustido por aqui, se comparado ao regime de segregação na África do Sul[2] (estávamos em 1981). Apesar

[2] **Regime de segregação na África do Sul** — A partir de 1948, o racismo foi introduzido como política oficial no país, após as eleições gerais daquele ano, sob o brutal regime do *apartheid* ("separação", em africâner). Sob o seu guante, os direitos civis da maioria dos habitantes foram cerceados pela minoria branca no poder. A nova legislação dividia os habitantes em grupos raciais ("negros", "brancos", "de cor" e "indianos"). A forma cruel como o governo tratava os negros levou a comunidade internacional a isolar a África do Sul, impondo fortes sanções. Essa pressão externa aliada aos vários movimentos de dentro do país, tendo como principal líder **Nelson Mandela** (1918-2013), preso pelo regime desde 1962, foi decisiva para o fim da bar- →

da imensa luta dos abolicionistas, a escravidão, sob diversos aspectos, não cessou. (...)

Racismo é obscenidade (assim como preconceitos sociais, de gênero, religiosos, científicos ou de qualquer outra espécie). Vai solapando não somente os esforços dos negros, mas dos brancos pobres, dos índios, dos imigrantes... Trata-se, também, de uma discriminação social. **A ausência do espírito solidário está minando a humanidade. É forçoso erradicar, de vez, o racismo**, pois, em seu bojo, surgem os mais tenebrosos tipos de perseguição, que vêm dificultando o estabelecimento da Paz no planeta. Todos juntos, sem desânimo, temos de mudar esse vergonhoso quadro. **Somos contra o racismo, porque lutamos, sobretudo, pela dignidade do ser humano.**

* * *

À espera de um ponto final

Não há como fugir do tema étnico. Contudo, devemos enfrentar os nossos desafios, analisando com muita parcimônia as diferenças culturais existentes em

---

→ bárie. Em 1990, o presidente sul-africano **Frederik Willem de Klerk** deu início a um processo que pôs fim ao *apartheid*, sendo um deles a libertação do pacifista. Em 1994, Mandela assumiu a presidência da África do Sul, tendo como seu vice o sr. De Klerk. Foi o primeiro presidente negro do país. Em 1993, ganhou o Prêmio Nobel da Paz. No Brasil, foi agraciado, em 1998, com a Comenda da Ordem do Mérito da Fraternidade Ecumênica (categoria *Hors-concours*), instituída por Paiva Netto e outorgada pelo ParlaMundi da LBV.

cada nação no que tange aos conflitos raciais. Vejamos o exemplo dos Estados Unidos: primeiro, é preciso conhecer um pouco do passado recente norte-americano para perceber que lá a cor da pele ainda influencia na escolha do colégio do filho, do bairro em que se mora, dos relacionamentos afetivos, enfim, do convívio social de um modo amplo. Daí a vitória de um afro-americano para o posto mais alto dos EUA ter merecido tamanho destaque no mundo: o advogado **Barack Obama** foi o 44º presidente do país de 2009 a 2017.

É nesse aspecto que volto os olhos para o Brasil: Após a eleição dele, indaguei na imprensa: E Obama cá? Sim, pois, contrariamente ao que muitos pensam, **a força de uma nação está na mistura das etnias, nesta miscigenação abençoada que faz do brasileiro um povo aguerrido e trabalhador**. Nomes não faltam. Basta citar **Nilo Peçanha** (1867-1924), tido como o primeiro e único negro a governar o nosso país, por dezessete meses. Mas essa compreensão precisa ter visibilidade concreta no dia a dia. Quando veremos, por exemplo, mulheres e homens afrodescendentes, em larga escala, nas mais destacadas posições da sociedade? É uma interrogação à espera de um ponto final favorável a todas as etnias.

Saída ideal para o Brasil

Em *O Capital de Deus*, um de meus próximos lançamentos, no capítulo "Nações anglo-saxônicas e miscigenação", relembro que, ao ser entrevistado pelo radialista **Paulo Vieira**, no programa "Jesiliel e os seus sucessos", na Rádio Estéreo Sul, de Volta Redonda/RJ, em 5 de abril de 1991, expressei ponto de vista que defendo desde a minha adolescência:

Uma saída para o Brasil começa pela necessidade de confiar nele próprio. O dia em que deixarmos de nos restringir ao simples *status* de copiadores e pararmos com essa conversa de que nosso país é assim por ser resultado de uma miscigenação de negros, europeus e índios, nos levantaremos do *"berço esplêndido"* e não haverá ninguém que nos possa esmorecer o ânimo.

Brilhante mestiçagem

Dizem por aí:

> — *As nações anglo-saxônicas, as germânicas, as não sei o que são formidáveis! Vejam como são hoje as que outrora colonizaram.*

Mas acontece que, na época de Roma, os anglo-saxões eram considerados inferiores, os germânicos também. A Gália, hoje França, era um atraso. E, no entanto, aqueles povos cresceram. Tiveram tempo para isso (e souberam aproveitá-lo bem). É preciso derrubar esse absurdo, que até parece uma orquestração, que não se sabe de onde vem; ou se sabe?!... A todo momento você encontra um distraído proferindo essa enormidade, fomentando a derrota brasileira:

> — *Olha, não tem jeito! Somos uma condenada etnia miscigenada de brancos, índios e negros.*

Não acredito nisso e protesto contra essa burla suicida. Aqueles que achavam que nas regiões subequatoriais não poderia surgir uma civilização respeitável também estão errados, porque nossa pátria, apesar de todos os seus problemas, avança (ainda que muitas vezes não pareça), contrariando essa ideia.

Fato que se comprova no resultado de estudo divulgado pelo Instituto de Pesquisa Econômica Aplicada (Ipea), que aponta o fenômeno de "escurecimento da população brasileira". Em reportagem publicada pela Agência Brasil, em 20 de novembro de 2008, Dia da Consciência Negra, encontramos:

> — *a pesquisa indica que mudanças na maneira de pensar das pessoas e não elementos de cunho demográfico são responsáveis pela quase totalidade da mudança. (...) De acordo com a publicação "Desigualdades Raciais, Racismo e Políticas Públicas 120 anos após a Abolição", até o início dos anos 1990, a população negra vinha aumentando de modo "relativamente lento e vegetativo", por meio de uma*

taxa de fecundidade um pouco mais alta para pretos e pardos além do fato de que descendentes de casais de negros e brancos terem maior probabilidade de ter filhos pardos. Já em algum momento entre 1996 e 2001 começa um processo de mudança na maneira como os brasileiros se veem. Durante o período, segundo o Ipea, as pessoas passam a ter menos vergonha de se identificar como negras e deixam de se "branquear" para se legitimar socialmente.

Em entrevista ao programa *Conexão Jesus — O Ecumenismo Divino*, da Super Rede Boa Vontade de Comunicação (rádio, TV e internet), a profa. dra. **Marina de Mello e Souza**, livre-docente em História da África e ilustre professora do Departamento de História da Universidade de São Paulo (USP), apresentou interessante ponto de vista, após explanar sobre a história desse belíssimo continente, tão importante ao equilíbrio mundial:

— *Meu sábio pai, já falecido, dizia:* "No Brasil, existe branco brasileiro e preto brasileiro". *Ou seja, aqui a gente não tem nem um branco e nem um preto, porque se você colocar um preto brasileiro do lado de um preto africano, você vai ver o quanto de miscigenação tem ali. Então, um branco brasileiro, ao conhecer a história do continente africano, em vez de querer ocultar a sua herança africana, ele vai querer falar:* "Opa! Eu também faço parte disso!" *O que vejo na minha sala de aula é uma mudança cristalina no rosto do aluno entre o primeiro e o último dia de aula, porque a gente revela uma riqueza completamente desconhecida e, com isso, você abre a possibilidade da autoestima.*

Eis que o Brasil é nação de etnias mescladas, para cuja sobrevivência convém seja plenamente reconhecida e vivida a sua **brilhante mestiçagem**. Justamente porque **nela consiste a sua força**.

Mistura de etnias

O jornalista, professor, historiador, ensaísta e engenheiro fluminense **Euclides da Cunha** (1866-1909), notável mestiço brasileiro, foi grande entusiasta da Amazônia e do Nordeste de nosso território. Suas descrições daquela sofrida região o consagraram com o título de maior escritor do seu tempo e estão registradas em sua obra-prima *Os sertões*. Nela, narra os horrores da Guerra de Canudos e consegue, com isso, modificar a imagem que o sul do país fazia da região e do homem sertanejo. É dele a famosa frase:

— *O sertanejo é, antes de tudo, um forte.*

Sobre a miscigenação na Terra de Santa Cruz, ele anotou em 15 de agosto de 1897:

> — *Índoles diversas, homens nascidos em climas distintos por muitos graus de latitude, contrastando nos hábitos e tendências étnicas, variando nas aparências; frontes de todas as cores — do mestiço trigueiro ao caboclo acobreado e ao branco — aqui chegam e se unificam sob o influxo de uma aspiração única.*

Que descrição vibrante!

Para nós, da LBV e da Religião Divina, só existe uma raça, a **Raça Universal dos Filhos de Deus, os Cidadãos do Espírito**. E achamos que a obrigação de gente civilizada é entender-se civilizadamente.

Eis que o Brasil é nação de etnias mescladas, para cuja sobrevivência convém seja plenamente reconhecida e vivida a sua brilhante mestiçagem. Justamente porque nela consiste a sua força.

O Brasil é uma grei globalizante

Volvendo os olhos para o nosso país, repleto de descendentes de imigrantes e, também, de migrantes esperançosos de que finalmente sejam integrados no melhor do seu tecido social, confirma-se a evidência de que possui um dos mais extraordinários povos do orbe, e com características privilegiadas, em virtude de sua fantástica miscigenação. Ele é uma grei... globalizante...[3]

[3] Leia mais sobre o assunto em *Crônicas e Entrevistas* (2000), de Paiva Netto.

O racismo é antivital

A respeito da miscigenação no Brasil escreveu o filósofo e sociólogo italiano **Pietro Ubaldi**[4] (1886-1972):

— *O Brasil é a terra clássica das fusões de raças, é o "melting pot" em que tudo se mistura. E sabemos que a natureza se regenera na fusão de tipos diversos,* ***ao passo que o princípio racista isolacionista é antivital****. (...) Por isso, o Brasil, com este seu universalismo (...), está apto a ser o berço de uma nova civilização, cujo primordial caráter será a universalidade (...). O Brasil, tão jovem, se acha mais adiantado do que a Europa (...) numa ideia mais vasta de nacionalidade cosmopolita, em que todas as nacionalidades se fundem sob o mesmo céu. Por este motivo, o Brasil é mais apto do que a velha Europa para realizar uma ideia unitária, que é a ideia do futuro, uma unidade livre, constituída não de satélites submetidos à força, mas de fusão demográfica,*

---

4 **Pietro Ubaldi** (1886-1972) — Filósofo e sociólogo italiano, foi correspondente de Albert Einstein (1879-1955). Escreveu "A Missão Histórica do Brasil no Mundo", sobre a formação e os destinos desta pátria. O seu estudo encontra-se na revista BOA VONTADE nº 4, de outubro de 1956, e resumidamente no livro *Apocalipse sem Medo* (2000), de Paiva Netto.

a única que resiste no tempo e que forma os povos novos (Revista BOA VONTADE nº 4, outubro de 1956).

(O destaque é meu.)

Na década de 1950, Ubaldi, analisando os planos de trabalho da Legião da Boa Vontade, concluiu:

— *A Legião da Boa Vontade, LBV, é um movimento novo na História da humanidade. Colocará o Brasil na vanguarda do mundo.*

A ausência do espírito solidário está minando a humanidade. É forçoso erradicar, de vez, o racismo, pois, em seu bojo, surgem os mais tenebrosos tipos de perseguição, que vêm dificultando o estabelecimento da Paz no planeta. Todos juntos, sem desânimo, temos de mudar esse vergonhoso quadro. Somos contra o racismo, porque lutamos, sobretudo, pela dignidade do ser humano.

Responsabilidade, reis e povos

O general brasileiro **Manuel Luís Osório** (1808-1879), conhecido também como **Marquês do Herval**, consagrado como patrono da Arma de Cavalaria, afirmou:

— *Quem está à frente de um serviço não pode declinar da responsabilidade que lhe cabe.*

Em "Muro de Gerês", no qual apresento um poema que fiz ao observar pequeno muro na estrada do Gerês para Braga, Portugal, e que consta da edição lusitana do meu livro *Reflexões da Alma* (2004 — Editora Pergaminho), anotei:

Em que é menor do que um rei aquele que não foge de seu dever? Merece de todos nós o apoio e a distinção por persistir, com honra, em viver a sua dignidade. **A elite de um país é o seu povo!**

Continuamos sobrevivendo

Há um poder espiritual latente que conduz os destinos do Cosmos, pois **nunca permanentemente o atraso conseguiu conter o progresso**. A sociedade hoje não retroagirá sobre os seus próprios passos, a não ser sob o risco de não encontrar o caminho de volta, porquanto são por demais poderosos os meios destruidores na atualidade. Ainda assim, os povos têm sido muito hábeis na capacidade de subsistir aos seus piores momentos. Afinal de contas, continuamos aqui sobreviventes. E isso ocorre por força da Alma, iluminada pela Verdade e pelo Amor, característica da Cidadania oriunda do Mundo Espiritual Elevado. Um dia, a humanidade a viverá plenamente e fará cessar todas as guerras, a fome, a miséria, enfim, todas as mazelas sociais.

* * *

Érico Veríssimo (1905-1975), escritor brasileiro nascido em Cruz Alta, no Rio Grande do Sul, autor, entre outros *best-sellers*, de *O Tempo e o Vento* e *Olhai os Lírios do Campo*, grafou:

> — *Antes de Mussolini e de Stalin já existiam as estrelas e depois que eles tiverem passado elas ainda continuarão a brilhar.*

Não atrair problemas já afastados por Deus

Em Seu Santo Evangelho, segundo Mateus, 12:43 a 45, Jesus nos dá uma **lição de segurança espiritual**, que serve inclusive para as nações, e jamais deve ser esquecida em tempos de grande perturbação íntima:

A estratégia de satanás

[43] *Quando um espírito imundo sai de um homem* [ou de uma mulher], *passa por lugares áridos, procurando descanso.*

[44] *Como não o encontra, diz: — Voltarei para a casa de onde saí. Chegando, encontra a casa desocupada, varrida e adornada.*

Essa alma — conforme escrevi em *A Missão dos Setenta e o "lobo invisível"* (2018) — é um homem ou uma mulher, desencarnados ou não, em situação espiritual precária.

[45] *Então, vai e traz consigo outros sete espíritos piores do que ele, e, entrando, passam a viver ali.* ***E o es-***

> ***tado final daquele homem* [ou daquela mulher] *torna-se pior do que o primeiro.*** *Assim acontecerá a esta geração perversa.*

A Caridade de Deus afasta de nosso caminho os mais variados problemas de ordem espiritual, psíquica, emocional e de natureza material. Ainda em *A Missão dos Setenta e o "lobo invisível"*, chamo a atenção para o fato de que o Divino Amigo, Jesus, afasta de milhões e milhões pelo mundo o espírito obsessor, que, por sua vez, sai por aí arrependido, mas é um remorso falso. Vejam o que ocorre, no versículo 45, *"(...) vai e traz consigo outros sete espíritos piores do que ele (...)"*.

Isso se dá por causa da invigilância em torno de um dos preceitos fundamentais do Mundo Invisível: **a Lei de Atração**. A sintonia com determinadas classes de entidades só pode nos fazer mal. Porém, se ela for estabelecida com os Maiores da Espiritualidade, irá nos engrandecer o coração e a Alma, o que impacta diretamente na saúde espiritual, moral, social, financeira e física das nações.

Em sua sabedoria, o povo nos ensina:

> — *Cérebro desocupado é oficina do diabo.*

E o "lobo invisível", espírito obsessor, por não possuir a vestimenta carnal, anda pelo mundo com liberdade relativa, levando em conta que apenas se aproxima de alguém quando se estabelece com esta pessoa sintonia de sentimentos e atos, quando descobre brechas, isto é, se instala na casa vazia, anteriormente limpa pelo Celeste Taumaturgo. Daí ser fundamental reeducar, à luz da Espiritualidade Superior, os nossos canais psíquicos, mantendo-os sanados e desobstruídos, com a elevação do nosso pensamento, nossas palavras e nossas ações (a Sintonia Tríplice com Jesus) voltados à Bondade, à Generosidade, à Fraternidade Ecumênica, à Verdade e à Justiça Divinas; enfim, ao Amor Crístico, sintetizado no Novo Mandamento do Condutor de nossas vidas — *"Amai-vos como Eu vos amei. Somente assim podereis ser reconhecidos como meus discípulos"* (Evangelho, segundo João, 13:34 e 35).

Dessa maneira, firmaremos a ligação psicoespiritual permanente com os mais sublimes sentimentos, com nossos Anjos da Guarda, Guias Espirituais, Numes Tutelares, Almas Benditas, Espíritos Luminosos, que podem livrar-nos desse vilão, e permaneceremos atuantes no trabalho do Bem. Trata-se de elevadíssima lição da Cidadania Espiritual, que o Cristo Estadista nos oferece.

Jamais nos esqueçamos de que **compete a nós não trazermos de volta os problemas que Deus afasta de nosso caminho**.

Aplacar a tempestade

Diante das mais distintas situações, em que a dor e o sofrimento chegam, muitas vezes sem avisar, é imprescindível o gesto solidário das criaturas em prestar socorro material e, sobretudo, espiritual ao próximo. E, ao lado desse apoio imediato, é preciso alimentar a força da esperança e da Fé Realizante, que levam o ser humano a se manter sob a proteção do Pai Celestial e o estimulam a arregaçar as mangas e concretizar suas mais justas súplicas.

Nos desafios da existência, recordemos sempre as palavras de conforto e ânimo renovados de Jesus, o Cristo Ecumênico, o Divino Estadista, constante do Seu Santo Evangelho, segundo Mateus, 8:23 a 27; Marcos, 4:35 a 41; e Lucas, 8:22 a 25. A seguir, o texto da Boa Nova unificado por **Wantuil de Freitas** (1895-1974):

> — *Aconteceu que, num daqueles dias, Jesus tomou uma barca, acompanhado pelos Seus discípulos; e eis que se levantou no mar tão grande tempestade de vento que as ondas cobriam a barca, enquanto Jesus dormia na popa, sobre um travesseiro. Os discípulos O acordaram aos brados, dizendo: "Salva-nos, Senhor, nós vamos morrer!" E Jesus lhes respondeu:*

"Por que temeis, homens de pequena fé?" Então, erguendo-se, repreendeu os ventos e o mar; e se fez grande bonança. Aterrados e cheios de admiração, os discípulos diziam uns aos outros: "Afinal, quem é Este, que até o vento e o mar Lhe obedecem?"

Enfrentar e vencer as tormentas

O que tem sido a vida humana, para muitos, a não ser o atravessar de procelas, que devemos vencer, não fugindo delas? Vejamos o exemplo na própria náutica. Durante uma tempestade com vagalhões, o comandante embica a proa do navio na direção das vagas, se ele, surpreendido pela tormenta, não pôde fugir dela. Não vira para o lado, não dá às vagas os seus costados. Senão, o barco corre o grave risco de adernar e até submergir. **Assim cada um de nós tem de ser. Enfrentar as intempéries do cotidiano com o potente navio que o Celeste Navegador nos oferece**, que é o nosso corpo, conduzido pelo Espírito, mesmo quando nos sentimos enfermos. Encarar a tempestade e vencê-la, derrubadas as ilusões da vida. Porque aí é possível sonhar com um mundo melhor. Iludirmo-nos é que não podemos. E, **no instante em que o temporal estiver mais forte, a ponto de pensarmos que soçobraremos** — ou, o que é **pior, acharmos que o Competente Comandante está** distraído, **descansando —, tenhamos a certeza de que o Divino Timoneiro não**

dorme. Jesus sempre se encontra vigilante, **pronto a orientar a Sua tripulação**, indicando-lhe novas viagens pelo planeta inteiro, esperando que ela mostre a sua capacidade e perseverança.

"Por que temeis, homens de pequena fé?"

Assimilemos o quanto antes essa reprimenda justa de nosso Senhor e Mestre, pois, de qualquer forma, **na hora certa, Ele vai erguer-se, repreender os ventos e o mar, e far-se-á paz nos corações**.

Falar humanamente

É preciso encontrar e jamais perder **a estrada que eleva os corações**. Por isso, aos seres humanos se deve falar humanamente. Há um ditado oriental que recomenda:

— *Falai com Amor e até os animais vos entenderão.*

Ligar a tomada

Em verdade, em verdade vos digo: Tudo quanto ligardes na Terra será ligado no Céu; e tudo quanto desligardes na Terra será desligado no Céu.
Jesus (Mateus, 18:18)

É urgente ligar a nossa tomada ao Grande Gerador, que é Deus, o moto-contínuo do Universo. Para isso, existem a Prece e as dignas e boas ações. E a prosperidade espiritual, consequentemente a material, será plena, de acordo com os ensinamentos de Jesus para os Cidadãos do Espírito.

Firmado nas lições do Cristo Ecumênico e Divino Estadista — no Seu Evangelho, segundo Mateus, 6:33 — Alziro Zarur articulou **A Fórmula Urgentíssima de Jesus**, que costumo também chamar de **A Fórmula Urgentíssima Econômica do Cristo**:

> — *Somente o estadista que souber Apocalipse saberá prever para prover, governando com acerto, evitando que sua Pátria seja esmagada pelo próximo e último Armagedom (Apocalipse, 16:16).* ***A Fórmula Perfeita*** *para resolver os grandes problemas dos chefes de Estado, na ciência do governo dos povos, é a de Jesus:*

"Buscai primeiramente o Reino de Deus e Sua Justiça, e todas as coisas materiais vos serão acrescentadas". Quer dizer: não haverá soluções perfeitas fora das Leis Eternas, que regem a Terra. ***O contrário é combater efeitos, enquanto as causas permanecem.***

Tudo neste mundo pode ficar fora do controle dos homens, mas **nada escapa ao comando de Deus**. Por isso, quanto mais perto Dele, mais longe dos problemas!

Céu do coração

O Senhor com sabedoria fundou a terra, com inteligência estabeleceu os céus. Pelo Seu conhecimento os abismos se rompem, e as nuvens destilam o orvalho.
(Provérbios, 3:19 e 20)

Não há céu mais auspicioso do que o coração, quando **iluminado pelas forças do Bem**, isto é, do Amor, sinônimo de Caridade e definição de Deus, segundo João, o Evangelista-Profeta, em sua Primeira Epístola, 4:8.

PAZ PARA O MILÊNIO

Neste capítulo, o escritor Paiva Netto apresenta, entre outros, extratos da publicação *Paz para o Milênio*, com recomendações traduzidas para diversos idiomas e encaminhadas pelo autor à Conferência de Cúpula da Paz Mundial para o Milênio, promovida pela Organização das Nações Unidas (ONU), em agosto de 2000, na sua sede em Nova York, EUA. Em virtude de sua tradição universalista, a Legião da Boa Vontade (LBV) — por meio de carta endereçada ao seu dirigente, José de Paiva Netto — foi convidada pelo comitê organizador a assumir a coordenação da comitiva de religiosos brasileiros naquele Encontro.

Os editores

Exemplo dos religiosos

Irmãs e Irmãos em humanidade, que espera o mundo dos líderes de todos os segmentos, a começar justamente pelos religiosos?

O veemente exemplo do Amor Divino, porque a partir daí a Paz será possível. Sem esse sentido, os mais elaborados planejamentos sofrem a ameaça de falência. Não há proposta que expresse seus melhores resultados se não existir um clima de real compreensão e de Boa Vontade.

Alziro Zarur afirmava, com eloquência, que

> ***— o maior criminoso do mundo é aquele que prega o ódio em nome de Deus.***

Demasia de palavras, pobreza de ações

O mundo fatiga-se com demasia de palavras e pobreza de ações eficazes, atos que, de forma efetiva, sirvam de modelo para a concretização de um **espírito de concórdia, de Boa Vontade, que verdadeiramente transforme o indivíduo** de dentro para fora, algo que não se consegue por decreto. É evidente que esse trabalho espiritual e humano de iluminação das criaturas deve ser acompanhado por acertadas medidas políticas, econômicas e sociais; Instrução, Educação e Reeducação bafejadas pela indispensável Espiritualidade Ecumênica. Isto é, uma **perfeita sintonia com as Dimensões Superiores da Humanidade Celeste**, até agora invisíveis aos nossos olhos materiais. No entanto, os "mortos" continuam vivos. E aí estão a nos influenciar desde que o mundo é mundo.

O desprezo da História

Se os religiosos não derem exemplo perene de Fraternidade, a única coisa que haverão de merecer será o mais severo desprezo da História.

O imam Ali ibn Abi Talib, ao se dirigir a seu amigo **Malik Al-Ashtar**, quando o indicou ao califado do Egito, sabiamente o instruiu, dizendo:

> — *Lembre-se, Malik, de que entre vós há dois tipos de pessoas: aquelas que têm a mesma religião que a sua, estas são suas irmãs em religião; e aquelas que têm religiões diferentes da sua, estas são seres humanos iguais a você em criação.*

Fraternidade e Paz

Convidar todos ao ingresso sem tardança na **Sublime Escola do Amor Fraternal**, para flagrantemente vivê-lo, é, em resumo, a tarefa empreendida pelos fundadores das crenças. Executá-la em harmonia é finalmente trilhar o caminho que leva à Paz.

Ciência espiritual

As Religiões geralmente nascem de uma manifestação espiritual.

O Outro Lado da Vida, ainda invisível, é uma realidade que, no futuro, a Ciência, libertada de preconceitos e tabus, proclamará.

A cada dia que passa, **a Ciência surpreende a própria Ciência**.

Atravessemos seus portais como Irmãs e Irmãos

Todo documento derradeiro assinado neste Encontro internacional seria um engodo lançado à face do mundo se não sairmos daqui convencidos de que somos legitimamente humanidade, *"um poema de compaixão"*, como queria o Buda.

Ao término da Conferência de Cúpula da Paz Mundial para o Milênio, que tem a Organização das Nações Unidas (ONU), como anfitriã, atravessemos os seus portais definitivamente como Irmãos. Irmãs e Irmãos aqui, Irmãos e Irmãs lá fora, Irmãs e Irmãos a milhares de quilômetros de distância. Só assim seremos capazes de satisfatoriamente concretizar o que, neste evento, ajustarmos.

A proposição competente

A mais competente proposição a ser levantada nestes plenários brilha no íntimo de todos: amarmo-nos uns aos outros até mesmo antes dos demais a quem pretendemos levar uma mensagem de renovação. Como ensinava **Santo Agostinho** (354-430), bispo de Hipona:

> — *Se manténs a tua paz, mantém-na movido pelo amor; se clamas, clama por amor; se corriges, corrige com amor; se perdoas, perdoa por amor. Tem no fundo do coração a raiz do amor: dessa raiz não pode brotar senão o bem.*

Todas as providências de caráter operacional serão bem-sucedidas se nos amarmos e nos entendermos realmente, posto que estaremos dispostos a suplantar os desafios. Nenhum planejamento terá êxito, por mais bem elaborado, se faltar essa intensa harmonia e sentido de **unidade na diversidade** para, juntos, vencermos a adversidade.

Justamente o contrário

Sejamos nós o aríete de um novo tempo, no meio de pessoas que ainda pensam que ter Religião é figadalmente[1] desentender-se com o próximo, quando se trata, isto sim, do contrário.

No meu livro de bolso *Reflexões e Pensamentos — Dialética da Boa Vontade*, lançado em 1987, ressalto que **Religião, como sublimação do sentimento, é para tornar o ser humano melhor, integrando-o no seu Criador, pelo exercício da Fraternidade e da Justiça entre as Suas criaturas.**

O Pai Celestial é fonte inesgotável de Sabedoria e Entendimento, quando não compreendido como caricatura, estereótipo, ódio, vingança, porquanto *"Deus é Amor"* (Primeira Epístola de João, 4:16), sinônimo de Caridade.

---

[1] **Nota de Paiva Netto**

Figadalmente — De modo geral, próprio do fígado. Denomina-se inimigo figadal aquele por quem se tem inimizade ilimitada. Uma lástima, portanto.

Iluminação da consciência

Religião, no sentido mais elevado, existe para exalçar o Espírito, o que em realidade somos[2]. Consequentemente, para iluminar a inteligência, clarear o intelecto, fazer progredir a Ciência, de forma que, com a prática do Bem, se transformem em Sabedoria. Eis a sublimação do sentimento.

[2] **Nota de Paiva Netto**

No Gênesis Mosaico (1:26 e 27) vemos que fomos criados *"à imagem e semelhança de Deus"*. E Jesus, em Seu Santo Evangelho, segundo João, 4:24, nos revelou ser o Pai Celestial *"Espírito"*.

A escola do servir

O Cristianismo não é a escola da ociosidade, pelo contrário, é a do servir, pois as lições do Cristo são estas:

> — *Não penseis que vim trazer comodismo à Terra* (Evangelho, segundo Mateus, 10:34). *A cada um será dado de acordo com as suas obras* (Apocalipse, 22:12). *O operário é digno do seu salário* (Evangelho, consoante Lucas, 10:7).

E mais:

> — *Quem quiser tornar-se grande entre vós, seja esse aquele que vos sirva; e quem quiser ser o primeiro entre vós, seja esse servo de todos. Pois o Filho de Deus não veio para ser servido, mas para servir e dar a Sua vida em resgate de multidões* (Boa Nova, segundo Marcos, 10:43 a 45). *Aquele que quiser vir após mim negue-se a si mesmo, tome a sua cruz e siga-me* (Evangelho, consoante Mateus, 16:24).

Já disse um mentor das claridades divinas:

— A semeadura é livre, mas a colheita é obrigatória.

Essa passagem tem perfeita semelhança com o que está escrito na Epístola de Paulo aos Gálatas, 6:7:

— Não vos iludais. Deus não se deixa escarnecer. Aquilo que o homem semear, isso mesmo terá de colher.

Caridade: muito mais do que dar o pão

A Caridade, vista como sinônimo de Amor Fraterno e Solidário, é muito mais que o simples ato de dar um pão. **É ação inteligente da Alma, pragmatismo das verdades divinas**, ato de justiça e bom senso, e razão de ser do estadista do terceiro milênio, capaz de — em meio ao desperdício que vigora na mentalidade e na ação de muitos — salvar da ignorância, do desemprego, da insegurança e da fome populações inteiras.

O Cristianismo do Cristo

O Cristianismo não é uma simples vertente entre as crenças. Ele é o Amor esplendoroso que nasce do Teu coração, Jesus, e alimenta a vida no mundo!

O dogma da Fraternidade

Em *Epístola Constitucional do Terceiro Milênio* (1988), escrevi:

Haverá um tempo majestoso em que o ser humano só aceitará um **dogma: o da Fraternidade sem fronteiras**.

Respeitar os ateus

O verdadeiro religioso respeita os ateus, porque afinal eles também são filhos de Deus (portanto, nossos Irmãos). Rimou e é uma verdade ecumênica, senão, para que o sentimento de religiosidade, que nos deve, por exemplo, unir no esforço contra a fome e a violência?

A prece que agrada

A prece que mais agrada ao Criador é o respeito às Suas criaturas.

Religião: Solidariedade sem fronteiras

Em 21 de janeiro, celebra-se o Dia Mundial da Religião. Em artigo publicado na *Folha de S.Paulo* na década de 1980, arguido por um leitor se não sectarizaria minha palavra o fato de, em meus escritos, dar muito valor à Religião, expandi o que anteriormente havia registrado no primeiro volume de *O Brasil e o Apocalipse* (1984), que já esgotou várias edições:

Não vejo Religião como ringues de luta livre, nos quais as muitas crenças se violentam no ataque ou na defesa de princípios, ou de Deus, que é Amor, portanto Caridade, e que por isso não pode aprovar manifestações de ódio em Seu Santo Nome e nem precisa da defesa raivosa de quem quer que seja. Alziro Zarur dizia:

> — *O maior criminoso do mundo é aquele que prega o ódio em nome de Deus.*

Compreendo Religião como Fraternidade, Solidariedade, Entendimento, Respeito à Vida Humana, Iluminação do Espírito que todos somos. Tudo isso no sentido mais elevado. Entendo Religião como **algo**

dinâmico, vivo, pragmático, altruisticamente realizador, que abre caminhos de luz nas Almas e que, por essa razão, **deve estar na vanguarda ética**. Não a vejo como coisa abúlica, nefelibata, afastada do cotidiano de luta pela sobrevivência que sufoca as massas.

Não a entenderia se não atuasse também, de modo sensato, na transformação das realidades tristes que ainda atormentam os povos. Estes, cada vez mais, andam necessitados de Deus, que é o antídoto para os males espirituais, morais e, por consequência, os sociais, incluídos o imobilismo, o sectarismo e a intolerância degeneradores, que obscurecem o Espírito das multidões. (...) E de maneira alguma devem-se excluir os ateus de qualquer providência que venha beneficiar o mundo.

(...) **Não podemos esquecer que a nossa vida começa no Outro Mundo.** Quem não tiver certeza disso deve dar início à sua própria investigação, contanto que isenta de ideias preconcebidas, para não ser apanhado, ou apanhada, de surpresa por revelações extraordinárias, que suplantam as mais avançadas concepções da Ciência ou da Filosofia convencionais. Alguns seguidores da Ciência foram, ou ainda são, mais dogmáticos que o mais radical dos religiosos. **E tudo o que é radical provoca o recrudescimento do radicalismo oposto.**

Apesar desse fato infeliz, é imprescindível que seja desvendada a realidade espiritual. O respeitado inventor norte-americano **Thomas Edison** (1847-1931), detentor de 1.093 patentes, sendo talvez a mais famosa delas a da lâmpada elétrica, pressentia tal necessidade ao expor na revista *American Magazine*, edição de julho-dezembro de 1920:

> — ***Se nossa personalidade sobrevive à morte***, *então,* ***é rigorosamente lógico e científico presumir que ela mantém a memória, o intelecto e outras faculdades*** *e conhecimentos que adquirimos na Terra. Portanto, se a personalidade existe depois do que chamamos de morte,* ***é razoável concluir que os que deixam esta Terra gostariam de se comunicar com os que deixaram aqui****. Consequentemente, o que se deve fazer é fornecer os melhores meios concebíveis para facilitar a abertura da comunicação conosco e depois ver o que acontece. (...) De minha parte, estou inclinado a acreditar que nossa personalidade futura será capaz de influenciar a matéria.* ***Se este meu raciocínio estiver correto, poderemos****, então,* ***desenvolver um instrumento*** *muito delicado,* ***que possa ser afetado****, mexido, ou manipulado* ***por nossa personalidade quando ela sobreviver em outra vida****, da mesma maneira que um instrumento, quando está disponível, deve registrar alguma coisa.*
>
> (Os destaques são meus.)

Há décadas bradamos: **os mortos não morrem**! E, **Religião não rima com intolerância**!

Encontro Ecumênico na Sede da LBV dos EUA

Após a reunião de cúpula na ONU, várias personalidades brasileiras e estrangeiras[3] participaram, na Sede da LBV dos Estados Unidos, no dia 31 de agosto de 2000, de um Encontro Ecumênico que oferecemos. Na oportunidade, diretamente do Brasil, por audioconferência, tive o prazer de saudar a todos os amigos presentes, nestes termos:

Bem-vindos à Sede da Legião da Boa Vontade, uma espécie de consulado informal do Brasil nas terras de **Abraão Lincoln** (1809-1865).

O planeta está passando por instantes solenes. O desenvolvimento tecnológico do mundo é inafastável, mas também inafastável é o espírito de Caridade, e essa é a função de todos nós que acreditamos na força do espírito religioso. Por isso, as nações que prescindiram da Religião, da Arte e dos intelectuais deram-se mal, porquanto já nascemos com espírito de religiosidade,

3 Na revista *Paz para o Milênio* (2000), é possível ler o depoimento das inúmeras personalidades que estiveram nesse encontro. Elas exaltam a vanguarda da LBV ao lhes estender o convite de participação nessa Cúpula tão importante realizada na ONU, em 2000.

Encontro Ecumênico na Sede da LBV dos EUA. Personalidades do Brasil e do exterior fizeram uma oração ecumênica pela Paz.

amando a Arte de uma forma ou de outra e usando o intelecto, porque todos raciocinamos. A civilização não terá fim enquanto o ser humano continuar utilizando o bom pensamento para perseverar como civilização.

O mundo enfrenta tempos de cultura globalizante, por sinal pouco simpática. O que temos visto, em várias situações, é uma cultura em geral, sem princípios elevados, esmagar o conhecimento. Mas é a hora de antepor a essa "cultura" globalizante (que muita vez interessa apenas à ganância de ganhar dinheiro de qualquer forma) a cultura do Amor Fraternal, que *"é fator gerador de vida, que está em toda a parte e é tudo"*. Diante disso, é um milagre continuarmos sobrevivendo, porque alguns loucos que dirigem a humanidade não conseguiram acabar com as criaturas terrenas ainda, e esperamos que nunca alcancem tal desiderato. **Sustentamos a teimosia de sobreviver, pois acreditamos num milagre, aquele que Deus espera dos seres espirituais e humanos: que aprendam a amar-se.**

Renascimento Espiritual

O que estamos assistindo na forma que a História nos ensina, porque nada é linear na evolução terrena, é a um **Novo Renascimento Espiritual**.

E o Brasil esteve aí presente, na Conferência de Cúpula da Paz Mundial para o Milênio, em 2000, realizada na ONU, porque essa é a sua função. Conforme pude externar aos presentes: **Cada nação tem uma tarefa no mundo.** A do Brasil é propiciar um sentimento novo de Paz, por intermédio de homens e mulheres simples de coração, sejam pobres, ou ricos, sejam de poucas luzes culturais ou eruditos. Em 15 de outubro de 1961, então com 20 anos de idade, escrevi na tradicional *Gazeta de Notícias*, do Rio de Janeiro, que **o Brasil não surgira para dominar o mundo, mas para iluminá-lo**.

Que assim seja!

Disse Jesus:

> — *Bem-aventurados os pacificadores, porque eles serão chamados filhos de Deus* (Evangelho, segundo Mateus, 5:9).

Pão da liberdade

Agradeço as suas presenças. A LBV é a Casa dos que querem acertar, dos que sabem que **o Amor é o Sublime Alimento que nos mantém vivos**.

Em face de inúmeros episódios registrados pelos tempos, podemos concluir que o ser humano precisa do pão da liberdade. Contudo, **não haverá verdadeira liberdade se esta não for iluminada pelo sentimento fraterno e solidário, que anda raro no mundo**. O restante corre o risco do caos, e a História está repleta de exemplos para comprovar essa realidade.

O Amor Fraterno é o instrumento mais poderoso que temos nas mãos, porque ele é, em substância, Deus. É o espírito de Caridade que os senhores foram, juntamente conosco, levar até esta histórica Conferência.

A ferramenta da Fé Realizante

Mesmo que o Brasil tivesse sido posto de lado em todos os acontecimentos nesses dias ocorridos, a simples presença dos senhores aí é de um alto significado que o tempo irá mostrar. E como enfatizei em minha mensagem ao evento, que sejamos nós o aríete de uma nova era, em meio a um tempo que ainda aceita que ter religião é desentender-se com seu semelhante, quando significa justamente o contrário. Trabalhemos com o ferramental que possuímos. **O importante é fazer com que esse sentimento de fé**

a todos congrace. Ele está na Bíblia, no Corão, na Codificação Kardequiana, nos livros do Judaísmo, do Budismo, do Xintoísmo, do Hinduísmo, do Bramanismo, da Umbanda, do Masdeísmo, da Fé Bahá'í, dos Mórmons, da Brahma Kumaris, do Taoísmo, da Ciência desbravadora. Está em toda a parte, porque **Deus semeia o Seu Amor onde as Suas criaturas existirem**.

Com o passar dos anos, o esforço benemérito transformar-se-á num sucesso.

A Casa é de vocês. E ela se ampliará mais, uma vez que a força que nos une é a Boa Vontade, não é a boa intenção *"de que está calçado o inferno"*. É a Boa Vontade dos que se esclareceram pelo conhecimento da Verdade Divina.

O que vale a pena neste mundo é auxiliar o semelhante procurando viver a Sociedade Solidária Altruística Ecumênica, não somente nos problemas de ordem pessoal (corpo e Alma), mas também nos de natureza coletiva, **esclarecendo-o acerca de sua origem espiritual**. Porquanto, antes de nascermos na Terra, já existimos na Pátria da Verdade.

Por isso, pregamos o Amor não apenas na Religião, mas na Ciência, na Política, na Economia, na Arte, no Esporte, e assim por diante.

Um forte abraço! Felicidades! Muito obrigado pela atenção e viva Jesus, viva Deus, viva tudo o que nos possa unir, porque vivemos um momento sério da vida da humanidade. **Ou integra ou desintegra. E nós queremos estar integrados no Poder Divino**, tendo em vista que algo fundamental irá acontecer: o ser humano, pelo Amor ou pela dor, finalmente aprenderá a ser humano.

O ser humano precisa do pão da liberdade. Contudo, não haverá verdadeira liberdade se esta não for iluminada pelo sentimento fraterno e solidário, que anda raro no mundo. O restante corre o risco do caos, e a História está repleta de exemplos para comprovar essa realidade.

VAMOS ORAR!

Vencer firmado no Cristo e com o coração feliz!

Minhas Irmãs e meus Amigos, minhas Amigas e meus Irmãos, Cidadãos do Espírito, chegamos ao término de mais uma jornada, cujo trajeto foi pavimentado em letras de forma. Rogo a Deus que os tenha conduzido a lugares fertilíssimos do Conhecimento Espiritual, porquanto firmados no Santo Evangelho e no Apocalipse Redentor do Sábio dos Milênios.

Meu desejo e todo meu empenho legionário da Boa Vontade é este: servir a Jesus, servindo às Suas criaturas, por meio das seguras admoestações das Escrituras Sagradas:

> — *Já não mais vos chamo servos, porque o servo não sabe o que faz o seu senhor;* ***mas tenho-vos chamado amigos****, porque tudo quanto aprendi com meu Pai vos tenho dado a conhecer.*
>
> Jesus (João, 15:15)

Em nosso caminhar, quando nos deparamos com a necessidade de superação de gigantescos desafios, nos firmamos no conforto dessas palavras de **Nosso Senhor Jesus Cristo**, que ampliam nossas forças para seguirmos em frente. Já tive a imensa felicidade de afirmar que **o Divino Mestre é uma Escola Viva de Libertação para os habitantes da Terra e do Céu da Terra. Com o pensamento compenetrado Nele, a Sabedoria das Estrelas fartamente descerá sobre todos nós. Ele é a certeza que não frustra**, o Grande Amigo que não abandona amigo no meio do caminho, Aquele que nos revela tudo acerca da Cidadania do Espírito. Não me canso de repetir.

Dentre as inúmeras adversidades que haveremos de sobrepujar, podemos incluir, no rol das maiores, o Armagedom (Apocalipse, 16:16) e a Grande Tribulação (Boa Nova de Jesus, Mateus, 24: 15 a 28; Marcos, 13:14 a 23; e Apocalipse, 7:14), que em meus textos sempre estudamos.

Jesus e a Sua Volta Triunfal

No entanto, não devemos temer as dificuldades que aparecem durante o percurso e as que teremos de enfrentar, pois há esperança: **Jesus voltará, com Poder e Grande Glória!**

> *Disse o Cristo de Deus:* ***Eis que venho sem demora****, e comigo está o galardão que tenho para retribuir a cada um segundo as suas obras. Eu sou o Alfa e o Ômega, o Primeiro e o Último, o Princípio e o Fim* (Apocalipse, 22:12 e 13).

> *Pois* ***assim como o relâmpago irrompe do oriente e fuzila até o ocidente, iluminando todo o céu de uma extremidade à outra, assim será o dia da vinda do Filho de Deus*** (Evangelho de Jesus, segundo Mateus, 24:27, e Lucas, 17:24).
>
> *Não vos deixarei órfãos,* ***voltarei a vós outros*** (Boa Nova, segundo João, 14:18) ***e estarei convosco, todos os dias, até o fim dos tempos*** (Evangelho, consoante Mateus, 28:20).
>
> *Eis que Jesus vem com as nuvens, e todos os olhos O contemplarão, até mesmo aqueles que O traspassaram. E todas as nações da Terra se lamentarão sobre Ele. Certamente. Amém!* (Apocalipse, 1:7).

Não bastasse essa solene promessa — sendo o retorno majestoso de Jesus o maior dos galardões —, registrada em versículos tanto da Boa Nova quanto do Apocalipse e que nos robustece para marchar adiante das tormentas, o Senhor da Paz ainda nos nutre a Alma com o sinete da vitória em Deus:

> — *Eu vos tenho falado estas coisas para que tenhais paz em mim.* ***No mundo tereis tribulações.*** *Tende, porém, bom ânimo, pois* ***Eu venci o mundo.***
>
> (Evangelho do Cristo, segundo João, 16:33)

Toda a nossa vida está singularizada no **supremo objetivo** da Religião de Deus, do Cristo e do Espírito

Santo, que é **preparar os caminhos da Volta Triunfal de Jesus ao planeta Terra**. Esse é o mais extraordinário prêmio para os que vencem, com o Cristo, o Armagedom e a Grande Tribulação. Por isso, em documento a mim encaminhado pelo Legionário da Boa Vontade **Silmar de Almeida**, despachei o seguinte:

Clamarei a atenção de todos para o fato de que, em qualquer tempo de qualquer ano, sob qualquer circunstância, não podemos esquecer que o maior acontecimento da História da humanidade, que está para ocorrer, é o Glorioso Retorno do Divino Mestre — razão pela qual estão na Terra as Instituições da Boa Vontade de Deus.

Abro aqui o primeiro volume das *Sagradas Diretrizes Espirituais da Religião de Deus, do Cristo e do Espírito Santo* (1987) e leio: "A Vitória da Vida".

Sempre apreciei muito esse poema do saudoso jornalista **Bastos Tigre** (1882-1957) e levava-o muito a sério quando o Irmão Zarur ou o próprio autor o declamavam. Encontra-se também transcrito na *Antologia da Boa Vontade* (1955):

A Vitória da Vida

Pobre de ti se pensas ser vencido!
Tua derrota é caso decidido.
Queres vencer, mas, como em ti não crês,
Tua descrença esmaga-te de vez.

Se imaginas perder, perdido estás.
Quem não confia em si marcha pra trás;
A força que te impele para a frente
É a decisão firmada em tua mente.

Muita empresa esboroa-se em fracasso
Inda muito antes do primeiro passo;
Muito covarde tem capitulado
Antes de haver a luta começado;
Pensa em grande, e os teus feitos crescerão;
Pensa em pequeno, e irás depressa ao chão.
O querer é o poder arquipotente.
É a decisão firmada em tua mente.

Fraco é aquele que fraco se imagina;
Olha ao alto o que ao alto se destina;
A confiança em si mesmo é a trajetória
Que leva aos altos cimos da Vitória.
Nem sempre o que mais corre a meta alcança,
Nem mais longe o mais forte o disco lança,
Mas o que, certo em si, vai firme e em frente,
Com a decisão firmada em sua mente...

Preparação para a prece

Ao elevarmos o nosso coração a Deus, convido-os a vencer o Armagedom com **os pensamentos, as palavras e as ações firmados no Cristo e com a Alma feliz.**

Todos os fatos, todas as vibrações desse momento de comunhão nos levam na direção do Mestre Amado. **Antes de tudo, Ele. Adiante de todos os acontecimentos, Ele.**

Ele quem? Jesus, nosso Senhor, o Magnânimo Cidadão do Espírito, que nos deixou o *Pai-Nosso*. Já pararam para pensar que **foi o próprio Rabi da Galileia Quem proferiu essa mesma rogativa**? E, nós, milênios depois, unidos à fé e à perseverança de todos aqueles que algum dia repetiram essa prece, temos a honrosa oportunidade de também nos dirigir, por meio dela, do fundo de nossas Almas, a Deus, nossa Mãe-Pai Sideral. Portanto, é a oração que faço várias vezes por dia. De noite, ao me deitar, ou quando me levanto, ou me alimento, e onde quer que eu me encontre, estou sempre orando o *Pai-Nosso*. A treva nos ataca? Respondo com a Oração Ecumênica do Cristo. Os problemas surgem no caminho? Eu oro ainda mais intensamente, porque foi a súplica que Jesus nos ensinou. Logo, não há nenhuma invocação mais forte do que ela. Entoemos essa prece tão poderosa, ***"orando e vigiando"*** (Evangelho do Cristo, segundo Mateus, 26:41).

A prece revigora a nossa vigilância e nos impulsiona ao trabalho. Dela vem toda a nossa fortaleza.

Maria, Generosa Mãe da Humanidade!

Que ventura é servir a Jesus! Se todos os compromissados com a Sublime Causa do Cristo houverem brilhado na Terra, honrando o Seu nome e as Suas obras, receberão Dele o Seu testemunho. Aos perseverantes no ideal do Bem Ele promete no Evangelho, segundo Mateus, 10:32:

> — *Todo aquele que me testemunhar perante os homens,* ***também Eu o testemunharei*** *diante de meu Pai, que está nos Céus.*

Porém, adverte logo no versículo 33 do mesmo capítulo:

> — *Mas aquele que me negar diante dos homens, também Eu o negarei diante de meu Pai, que está nos Céus.*

Nós preferimos o esplendor de testemunhar o Divino Senhor, que é a Supina Glória que o mundo inteiro não nos pode oferecer, mas que o coração Dele e o de Maria Santíssima possuem sobejamente e nos ofertam a todo instante.

Nesta oportunidade, queremos agradecer ao nobre dr. Adolfo Bezerra de Menezes Cavalcanti (Espírito) o que tem feito, com grande sacrifício, por todos nós. Somos-lhe gratos. Gratos, gratos, gratos, dr. Bezerra de Menezes e sua extraordinária Equipe!

Muito obrigado, Irmão Alziro Zarur (1914-1979), por ter tido a coragem de abrir, em 1º de janeiro de 1950, num mundo tão adverso, a Sacrossanta, Sacratíssima Legião da Boa Vontade! E também por ter proclamado, em 7 de outubro de 1973, a Sagrada Religião de Deus, do Cristo e do Espírito Santo!

Maria Santíssima, Mãe de Jesus, nossa Divina Mãe, cada um de nós tem um pedido a te fazer. E suplicamos, Virgem de Luz, que sejas a mediadora entre a nossa pequenez e a grandeza do teu Filho Amado:

> — *o Caminho, a Verdade e a Vida* (Evangelho, consoante João, 14:6),

que, no dizer do nosso excelente André Luiz (Espírito),

> — *caminha na vanguarda do nosso Movimento.*

E é por isso que a Religião do Terceiro Milênio segue firme nesse Propósito Celeste.

Agora, Mãe Adorada, Protetora Suprema de todos os aflitos, cada um destes teus seguidores, trabalhadores da Bendita Seara da Boa Vontade, dedicados, perseverantes, guarda um pedido do fundo do coração para elevar-te. Atende, Mãe, a estes pedidos!

(Momento de súplica)

Gratos, Maria Santíssima, Mãe Universal da Humanidade, generosa Mãe da Cristandade! O teu Filho, Jesus, deu-nos todo o reforço, toda a força de que precisamos. Faze descer sobre todos nós o teu Manto de Luz!

A Prece

Ó Jesus, Compassivo Filho de Maria, cuja misericórdia nos sustenta, uma vez mais todos nós, de coração puro, vamos proferir o Teu ***Pai-Nosso***, **a Tua Prece Ecumênica**, constante do Teu Santo Evangelho, segundo Mateus, 6:9 a 13. É a oração que deixaste para as criaturas de Boa Vontade. Pequena, mas poderosa, pois conheces muito bem a pressa humana. Ninguém poderá dizer que não repetiu do fundo da Alma a Tua oração porque era muito longa. Infelizmente, os seres humanos (ainda) dedicam pouco tempo a Ti, ao Pai, ao Espírito Santo, e muito tempo a perder-se pelos caminhos tortuosos do pecado, isto é, do erro oriundo da ignorância espiritual.

Vamos, então, elevar o nosso pensamento a Deus:

Pai-Nosso

Pai Nosso, que estais no Céu, santificado seja o Vosso Nome.

Venha a nós o Vosso Reino.

Seja feita a Vossa Vontade, assim na Terra como no Céu.

O pão nosso de cada dia dai-nos hoje.

Perdoai as nossas dívidas, assim como nós perdoarmos aos nossos devedores.

E não nos deixeis cair em tentação, mas livrai--nos do mal, porque Vosso é o Reino, e o Poder, e a Glória para sempre.

Amém!

Dá-nos, Jesus, a Divina Paz, que prometeste àqueles que vivem o Teu Novo Mandamento, no Brasil e no exterior, honrando o compromisso Contigo, não somente nesta vida, mas pelos milênios.

— *Minha Paz vos deixo, minha Paz vos dou. Eu não vos dou a paz do mundo. Eu vos dou a Paz de Deus, que o mundo não vos pode dar. Não se turbe o vosso coração nem se arreceie, porque Eu estarei convosco, todos os dias, até o fim do mundo!* (Evangelho, segundo João, 14:27; e Mateus, 28:20.)

— *Glória a Deus nas Alturas, Paz na Terra aos homens* [e às mulheres, aos jovens, às crianças e aos Espíritos, Almas Benditas] *da Boa Vontade de Deus!* (Evangelho, segundo Lucas, 2:14.)

Quero encerrar este livro com o belíssimo soneto de Alziro Zarur, constante de *Poemas da Era Atômica* (1949):

A Igreja de Deus

"Bem-aventurados os que ouvem as palavras desta profecia e guardam as coisas que nela estão escritas: porque o tempo está próximo."
Apocalipse, 1:3

Igreja do Senhor, o fim dos tempos vem,
E o Cristo, muito breve, em glória descerá:
A trombeta de Deus no mundo soará,
Que o Juízo Final é próximo, também!

Sobre esta vã Gomorra, e sobre o que contém,
Nesse dia de horror a maldição virá;
Na confusão sem fim, Sodoma baqueará
Ouvindo a tua voz, que do Senhor provém!

Das trevas arrancaste imensas multidões,
E contra esse negrume, em límpidas ações,
Tua obra secular é fogo em resplendor!

Igreja-Mãe ideal de todas as igrejas,
Que no inferno do mundo, impávida, pelejas,
Igreja de Jesus — serei teu defensor!

Um viva às Gerações Legionárias da Boa Vontade de Deus e Cristãs do Novo Mandamento! A nossa homenagem às aguerridas Irmãs e aos valorosos Irmãos que aqui se aportaram, em todos os tempos dessa trajetória vitoriosa crística, e aos que se preparam para descer a este mundo, a fim de dar continuidade à Divina Obra da Boa Vontade.

Um viva a todas as áreas do saber, aos movimentos espiritualistas, religiosos, científicos, filosóficos, artísticos, agnósticos, ateus, enfim, a todos os seres humanos da Terra e do Céu da Terra, os Cidadãos do Espírito!

Quem confia em Jesus não perde o seu tempo, porque Ele é o Grande Amigo que não abandona amigo no meio do caminho.

Quanto mais perto de Jesus, mais longe dos problemas!

Servir a Jesus não é sacrifício. É privilégio!

Deus Está Presente!

Viva Jesus em nossos corações para sempre!

Viva a Cidadania Espiritual!

PAI-NOSSO E BEM-AVENTURANÇAS

Pai-Nosso

(A Oração Ecumênica de Jesus[1] que se encontra no Seu Santo Evangelho, segundo Mateus, 6:9 a 13.)

Pai Nosso, que estais no Céu
[e em toda parte ao mesmo tempo],
santificado seja o Vosso Nome.
Venha a nós o Vosso Reino [de Justiça e de Verdade].
Seja feita a Vossa Vontade [jamais a nossa vontade],
assim na Terra como no Céu.
O pão nosso de cada dia dai-nos hoje
[o pão transubstancial, a comida que não perece,
o alimento para o Espírito, porque o pão para o corpo,
iremos consegui-lo com o suor do nosso rosto].
Perdoai as nossas ofensas,
assim como nós perdoarmos aos nossos ofensores.
Não nos deixeis cair em tentação,
mas livrai-nos do mal,
porque Vosso é o Reino,
e o Poder, e a Glória para sempre.
Amém!

---

[1] **Nota de Paiva Netto**
Todos podem rezar o *Pai-Nosso*. Ele não se encontra adstrito a crença alguma, por ser uma oração universal, consoante o abrangente espírito de Caridade do Cristo Ecumênico, o Divino Estadista. Qualquer pessoa, até mesmo ateia (por que não?!), pode proferir suas palavras sem sentir-se constrangida. É o filho que se dirige ao Pai, ou é o ser humano a dialogar com a sua elevada condição de criatura vivente. Trata-se da Prece Ecumênica por excelência.

As Bem-Aventuranças do Sermão da Montanha de Jesus

(Santo Evangelho do Cristo, segundo Mateus, 5:1 a 12, da magnífica forma com que Alziro Zarur as proferia.)

Jesus, vendo a multidão, subiu ao monte. Sentando-se, aproximaram-se Dele os Seus discípulos, e Jesus ensinava, dizendo:
Bem-aventurados os humildes,
porque deles é o Reino do Céu.
Bem-aventurados os que choram,
porque eles serão consolados pelo próprio Deus.
Bem-aventurados os pacientes,
porque eles herdarão a Terra.
Bem-aventurados os que têm fome e sede de Justiça,
porque eles terão o amparo da Justiça Divina.
Bem-aventurados os misericordiosos,
porque eles alcançarão misericórdia.
Bem-aventurados os limpos de coração,
porque eles verão Deus face a face.
Bem-aventurados os pacificadores,
porque eles serão chamados filhos de Deus.
Bem-aventurados os que são perseguidos por causa da Verdade,
porque deles é o Reino do Céu.

Bem-aventurados sois vós, quando vos perseguem,
quando vos injuriam e, mentindo,
fazem todo o mal contra vós por minha causa.
Exultai e alegrai-vos,
porque é grande o vosso galardão no Céu.
Porque assim foram perseguidos os Profetas
que vieram antes de vós.

As Sete Bem-Aventuranças do Apocalipse[2]

Não somente o Evangelho de Jesus registra Bem-Aventuranças, como as do Sermão da Montanha. Os estudiosos do Apocalipse também as encontram em suas páginas iniciáticas e decifráveis aos que têm *"olhos de ver e ouvidos de ouvir"*.

Primeira

— *Bem-aventurados aqueles que leem e aqueles que ouvem as palavras da profecia deste Livro e guardam as coisas nele escritas, pois o Tempo está próximo* (1:3).

Segunda

— *Então, ouvi uma voz do Céu, que me dizia: Escreve: Bem-aventurados os mortos que, desde agora, morrem no Senhor. Doravante, diz o Espírito, que descansem das suas fadigas, pois as suas obras os acompanham* (14:13).

[2] **As Sete Bem-Aventuranças do Apocalipse** — A íntegra do documento de Paiva Netto sobre este tema pode ser lida em *As Profecias sem Mistério* (1998), um dos livros da série "O Apocalipse de Jesus para os Simples de Coração", que, com as obras *Somos todos Profetas* (1991), *Apocalipse sem Medo* (2000) e *Jesus, o Profeta Divino* (2011), já vendeu mais de 3 milhões de exemplares.

Terceira

— *Eis que venho como vem o ladrão. Bem-aventurado aquele que vigia e guarda as suas vestiduras, para não andar nu, e não se veja a sua vergonha* (16:15).

Quarta

— *Então, me falou o Anjo: Escreve: Bem-aventurados aqueles que são chamados à ceia das bodas do Cordeiro. E acrescentou: São estas as verdadeiras palavras de Deus* (19:9).

Quinta

— *Bem-aventurados e santos aqueles que têm parte na primeira ressurreição. Sobre esses a segunda morte não tem autoridade; pelo contrário, serão sacerdotes de Deus e de Cristo Jesus, e reinarão com Ele os mil anos* (20:6).

Sexta

— *Eis que venho sem demora. Bem-aventurado aquele que guarda as palavras da profecia deste Livro* (22:7).

Sétima

— *Bem-aventurados aqueles que lavam as suas vestiduras no sangue do Cordeiro de Deus, para que lhes assista o direito à Árvore da Vida Eterna, e para entrarem na cidade pelas portas* (22:14).

Bibliografia

A Bíblia de Jerusalém. São Paulo: Paulus, 1995.

A Bíblia Sagrada. Tradução Padre Antônio Pereira de Figueiredo. Rio de Janeiro: Edição Barsa, 1964.

A Bíblia Sagrada. Tradução Centro Bíblico Católico. 60. ed. São Paulo: Ave Maria, 1988. Tradução dos originais mediante a versão dos Monges de Maredsous (Bélgica).

A Bíblia Sagrada: Antigo e Novo Testamento. Tradução para o português de João Ferreira de Almeida. Brasília: Sociedade Bíblica do Brasil, 1969.

A Bíblia Sagrada: nova edição papal. Traduzida das línguas originais com uso crítico de todas as fontes antigas pelos missionários capuchinhos de Lisboa. Charlotte, North Carolina, USA: C. D. Stampley Enterprises, Inc., 1974.

A Bíblia Sagrada: Novo Testamento. Tradução Padre Matos Soares. Porto: Grandes Oficinas Gráficas da Sociedade de Papelaria, 1954. 4 v.

Alcorão Sagrado. Tradução do professor Samir El-Hayek. São Paulo: Tangará, 1975.

ACADEMIA Jesus, O CRISTO ECUMÊNICO, O DIVINO ESTADISTA. **Paiva Netto e a Proclamação do Novo Mandamento de Jesus: a saga heroica de Alziro Zarur na Terra.** São Paulo: Elevação, 2009.

ALENCAR, José de. **Guerra dos mascates**: crônica dos tempos coloniais. Rio de Janeiro: Tecnoprint Gráfica, 1966.

Antologia da Boa Vontade. Rio de Janeiro: Editora da Boa Vontade, 1955.

ARISTÓTELES. **De anima.** Apresentação, tradução e notas de Maria Cecília Gomes dos Reis. São Paulo: Ed. 34, 2006.

__________**.Ética a Nicômaco**. Brasília: Editora UnB, 2001.

ARISTOTLE. **Aristotle's On the soul and on memory and recollection.** Translated by Joe Sachs. Santa Fe, New Mexico: Green Lion Books, 2001.

AVICEBRON. **The Fountain of Life (Fons Vitae).** Translated by Alfred B. Jacob. New York: The Jewish Theological Seminary, 2005.

AVICENNA. "A Treatise on Love by Ibn Sina". Translated by Emil L. Fackenheim. **In: Medieval Studies**, 7 (1945):208-228.

BARBOSA, Rui. **Obras completas de Rui Barbosa.** Rio de Janeiro: Ministério da Educação e Cultura, 1981, v. 43, t. 1, 1916.

__________. **Oração aos moços**. Edição popular anotada por Adriano da Gama Kury. 5. ed. Rio de Janeiro: Casa de Rui Barbosa, 1999.

__________. **Pensamento e ação de Rui Barbosa.** Seleção de textos pela Fundação Casa de Rui Barbosa. Brasília: Senado Federal, 1999.

BEAUREGARD, Mario; O'LEARY, Denyse. **O cérebro espiritual:** uma explicação neurocientífica para a existência da Alma. Rio de Janeiro: Best Seller, 2010.

BUDDHA [Siddhartha Gautama]. **The Dhammapada:** The Buddha's Path of Wisdom.

Translated from the Pali by Acharya Buddharakkhita. Introduction by Bhikkhu Bodhi. Kandy, Sri Lanka: Buddhist Publication Society, 1985.

BULL. Wagner. **Aikido — o caminho da sabedoria.** 10. ed. São Paulo: Pensamentos, 2003.

BURCH, John. R., Jr. **Climate change and american policy:** key documents, 1979-2015. Jefferson, North Carolina, EUA: McFarland, 2016.

BYRON, Julie. **Impressionantes experiências mediúnicas de pessoas famosas.** Rio de Janeiro: Nova Era, 1998.

CAMARGO, Joracy. **O sábio:** peça em três atos. Rio de Janeiro: Z. Valverde, 1945.

CASTON, Victor. *"Aristotle's Two Intellects: A Modest Proposal."* **In: Phronesis** *44, 3,* (1999), *199–227.*

CICERO. **Complete works of Cicero.** Hastings, United Kingdom: Delphi Classics, 2014.

CHURCHILL, Winston; LANGWORTH, Richard (ed.). **Churchill by himself.** New York: PublicAffairs, 2008.

CLAUSEWITZ, Carl Von. **On War.** New York: Knopf, 1993

COELHO NETO, Zita. **Coelho Neto. Meu pai e grande amigo.** Rio de Janeiro: Organização Simões, 1964.

CONFUCIUS. **The Analects.** Translated with an introduction by D.C. Lau. England: Penguin Group, 1979.

____________. **The Analects.** Translation from the Chinese by William Edward Soothill. New York: Dover,1995.

___________. **The sayings of Confucius.** New York: Barnes & Noble, 1994.

COSTA, Jefferson Magno. **Paulo Macalão:** a chamada que Deus confirmou. Rio de Janeiro: CPAD, 1983.

CUNHA, Euclides da. **Canudos e outros temas.** 4. ed. Brasília: Senado Federal, 2003. (Edições do Senado Federal; v. 2)

_______. **Os Sertões:** campanha de Canudos. 2. ed. São Paulo: Ateliê Editorial, 2001.

DE FONTANES, Marquis. **Oeuvres de M. De Fontanes:** précédées d'une lettre de M. de Chateaubriand. Paris: Chez L. Hachette, 1859. tome 1.

DEGUCHI, Hidemaru. **Onde o pensamento - aí o mundo** (orig.:Kie la penso - tie la mondo). Oomoto do Brasil, 1994.

EDISON, Thomas. "Edison Working on How to Communicate with the Next World" as Reported by B. C. Forbes. In: **The American magazine.** v.90, Jul-Dec. New York: The Crowell Publishing Company, 1920.

FISCHER, Louis. **Gandhi:** his life and message for the World. New York: New American Library; London: New English Library, 1954.

FRANK, Anne. **The diary of a young girl.** New York: Bantam Books, 1993.

FRANKLIN, Benjamin. **Memoirs of Benjamin Franklin.** New York: Harper & Brothers, 1839. v.1.

FREITAS, Wantuil de. Mínimus. **Síntese de o Novo Testamento.** 4. ed. Rio de Janeiro: FEB, 1979.

GANDHI, Mohandas; DUNCAN, Ronald. **Gandhi:** Selected Writings. New York: Dover Publications, 2005.

GANDHI, Mahatma; STROHMEIER, John. **The Bhagavad Gita according to Gandhi.** Berkeley, Calif.: Berkeley Hills Books, 2000.

GILL, M. L.; PELLEGRIN, P. (eds.). **A companion to ancient philosophy**. Oxford, England: Blackwell Publishing, 2006.

GOETHE, Johann Wolfgang von. **Goethe Werke band 12:** schriften zur kunst, schriften zur literatur, maximen und reflexionen. Hamburger Ausgabe. München: C. H. Beck, 1998.

GUIMARÃES, Ulysses. **Discursos parlamentares.** Brasília: Câmara dos Deputados, 1997. v.44.

HUME, David. **Tratado da natureza humana.** Tradução Débora Danowski. 2.ed. rev. e ampliada. São Paulo: Editora UNESP, 2009.

JAPIASSÚ, Hilton; MARCONDES, Danilo. **Dicionário básico de filosofia.** 5. ed. Rio de Janeiro: Zahar, 2008.

KARDEC, Allan. **A Gênese.** 32. ed. Rio de Janeiro: FEB, 1988.

______________. **O Livro dos Espíritos.** 63. ed. Rio de Janeiro: FEB, 1985.

KING, Martin Luther, Jr. **Stride toward freedom:** The Montgomery Story. New York: Harper & Brothers, 1958.

KHALIDI, Muhammad Ali. **Medieval islamic philosophical writings.** Cambridge, UK — New York: Cambridge University Press, 2005.

LAO-TSÉ. **Tao Te Ching:** o livro que revela Deus. Tradução de Huberto Rohden. 18. ed. São Paulo: Martin Claret, 1997.

LIMA, Alceu Amoroso. **Idade, sexo e tempo:** três aspectos da psicologia humana. Rio de Janeiro: José Olympio, 1938.

LIMA, Luiz Costa. **Euclides da Cunha:** contrastes e confrontos do Brasil. Rio de Janeiro: Contraponto, 2000.

L'incunable: bulletin de La Bibliothèque nationale du Québec, issue 1, 1985. v.19.

LOCKE, John. **Complete works of John Locke.** Hastings, United Kingdom: Delphi Classics, 2017.

LYRA, Roberto. **Direito Penal científico:** criminologia. 2. ed. Rio de Janeiro: Ed. José Konfino, 1974.

MAGALHÃES, J. B. (Cel.). **Osório:** símbolo de um povo, síntese de uma época. Rio de Janeiro: Livraria AGIR Editora, 1946.

MAIMONIDES, Moses. **The Guide of the Perplexed**. Indianapolis, Indiana: Hackett Publishing, 1995.

MARX, K; ENGELS, F. **Die heilige Familie oder Kritik der kritischen Kritik: gegen Bruno Bauer und Konsorten.** Berlin: Dietz Verlag, 1973.

MARX, Karl. **O capital**: crítica da economia política. Livro primeiro. São Paulo: Difel, 1984.

Medeiros e Albuquerque. **Homens e cousas da Academia Brasileira.** Rio de Janeiro: Renascença, 1934.

MENEZES, Raimundo de. **A vida boêmia de Paula Nei.** São Paulo: Livraria Martins Editora, 1944.

METASTASIO, Pietro. **Opere dell'abate Pietro Metastasio:** conforme l'edizione di Lucca del. Firenze: a spese di Niccolo Carli e Comp. e Gaspero Ricci, 1815. v.6.

MONTELLO, Josué. **O Juscelino Kubitschek de minhas recordações.** Rio de Janeiro: Nova Fronteira, 1999.

MORELLET, André ; THOMAS, Antoine Léonard ; D'ALEMBERT, Jean Le Rond ; GEOFFRIN, Marie Thérèse Rodet. Éloges de Madame Geoffrin: contemporaine de Madame Du Deffand. Paris: H. Nicolle, Librairie Stéréotype, 1812.

NABUCO, Joaquim. **Pensamentos soltos.** Rio de Janeiro: Companhia Editora Nacional, 1937.

NEVES, Tancredo; DELGADO, Lucília de Almeida Neves (org). **Tancredo Neves.** Brasília: Editora Câmara dos Deputados, 2001. (Perfis parlamentares, n. 56).

PAIM, Antonio. **A querela do estatismo.** 2. ed. Rio de Janeiro: Tempo Brasileiro, 1994.

PAIVA Netto, José de. **A missão dos setenta e a lição do "lobo invisível".** São Paulo: Elevação, 2018.

___________. **Apocalipse sem medo.** 18. ed. São Paulo: Elevação, 2000.

___________. **As profecias sem mistério.** São Paulo: Elevação, 1998.

___________. **Cartas espirituais da Europa.** no prelo

___________. **Como vencer o sofrimento.** São Paulo: Elevação, 1990.

___________. **Sagradas Diretrizes espirituais da Religião de Deus, do Cristo e do Espírito Santo.** 7. ed. São Paulo, 1987. v. 1.

___________. **Sagradas Diretrizes espirituais da Religião de Deus, do Cristo e do Espírito Santo.** São Paulo, 1991. v. 2.

___________. **Sagradas Diretrizes espirituais da Religião de Deus, do Cristo e do Espírito Santo.** 3. ed. São Paulo, 1991. v. 3.

___________. **Epístola Constitucional do Terceiro Milênio.** São Paulo: Legião da Boa Vontade, 1988.

___________. **Jesus, o Profeta Divino.** 8. ed. São Paulo: Elevação, 2012.

___________. **Mãezinha, deixe-me viver!**. São Paulo: Legião da Boa Vontade,1987.

___________. **O Brasil e o Apocalipse.** São Paulo: Legião da Boa Vontade, 1984. v.1

___________. **O Brasil e o Apocalipse.** São Paulo: Legião da Boa Vontade, 1996. v.3.

___________. **O Capital de Deus.** No prelo.

___________. **Os mortos não morrem.** São Paulo: Elevação, 2018.

___________. **Crônicas e entrevistas.** São Paulo: Elevação, 2000.

___________. **Reflexões da Alma.** 54. ed. São Paulo: Elevação, 2004.

___________. **Reflexões e pensamentos:** dialética da Boa Vontade. São Paulo: Elevação, 1987.

____________. **Sociologia do Universo.** No prelo.

____________. **Somos todos profetas.** 44. ed. São Paulo: Elevação, 1999.

____________. **Tesouros da Alma.** 2. ed. São Paulo: Elevação, 2017.

PASCAL, Blaise; PERIER, Madame. **Pensées de B. Pascal:** précédées de la vie de Pascal. Paris : Librairie de Firmin Didot Frères, 1858.

PATROCÍNIO, José do. **A campanha abolicionista:** coletânea de artigos. Introdução José Murilo de Carvalho. Rio de Janeiro: Fundação Biblioteca Nacional, 1996.

PEREIRA, Yvonne A. Camilo Cândido Botelho. **Memórias de um suicida.** 5. Ed. Brasília: FEB, 1975.

PLATÃO. **Diálogos, v. III e IV:** Protágoras, Górgias, O Banquete, Fedão. Tradução Carlos Alberto Nunes. Belém: EDUFPA, 1980.

PLATO. **Plato in twelve volumes.** Translated by Harold North Fowler. Introduction by W.R.M. Lamb. Cambridge, MA: Harvard University Press; London: William Heinemann Ltd. 1966. v.1.

__________. **Theaetetus, Sophist.** Translated by Harold North Fowler. Loeb Classical Library 123. Cambridge, MA: Harvard University Press, 1921.

RAINEY, Lee Dian. **Confucius and confucianism:** the essentials. Wiley-Blackwell, 2010.

Revista da Academia Paulista de Letras. São Paulo: Academia Paulista de Letras, Edições 29-32, 1945.

RIO-BRANCO, Raul do. **Reminiscências do Barão do Rio-Branco.** Rio de Janeiro: Livraria José Olympio Editora, 1942.

ROOSEVELT, Franklin Delano. **Fireside chats of Franklin Delano Roosevelt:** radio addresses to the American people about the Depression, the New Deal, and the Second World War, 1933-1944. St. Petersburg, Fla.: Red and Black Publishers, 2008.

SCHUMPETER, Joseph. **Teoria do desenvolvimento econômico.**. São Paulo: Nova Cultural. 1997. (Os pensadores).

SHAKESPEARE, William. **Hamlet.** New York: The University Society, 1901.

SMITH, Adam. **Teoria dos sentimentos morais.** Tradução Lya Luft. São Paulo: Martins Fontes, 1999.

SOCRATES (Scholasticus); VALOIS, Henri de. **The ecclesiastical history of Socrates, surnamed Scholasticus, or the Advocate.** London: Henry G. Bohn, 1853.

St. Augustine of Hippo. **The Homilies on John.** Altenmünster, Deutschland: Jazzybee Verlag, 2017.

SYNESIUS of Cyrene; FITZGERALD, Augustine. **The letters of Synesius of Cyrene.** London: Oxford University Press, H. Milford, 1926.

TALEB, Imam Ali ibn abi. **Nahjul Balaghah, o método da eloquência.** Tradução prof. Samir El-Hayek. 2. ed. São Paulo: Centro Islâmico no Brasil, 2010.

The Baptist Children's Magazine and Youth's Missionary Repository. New Series. London: Hall, Virtue & Co.,1851. v.1.

TOCQUEVILLE, Alexis de. **Memoir on pauperism.** Translated by Seymour Drescher. London: Civitas, 1997.

VERÍSSIMO, Érico. **Olhai os lírios do campo.** 74. ed. São Paulo: Globo, 1997.

VERMES, G. **Os manuscritos do mar Morto.** São Paulo: Mercuryo, 1991.

VIRGIL. **The Aeneid.** Translated by J. W. Mackail. Oxford: Clarendon Press, 1930.

VIVEKANANDA. **The complete works of Swami Vivekananda.** 14. ed. Calcutta: Advaita Ashrama. 1972. v.1.

VOLTAIRE. **Oeuvres complètes de Voltaire:** Vie de Voltair; Théâtre**.** Paris: Chez Furne, 1835. tome 1.

WASHINGTON, Booker T.; HARLAN, Louis R. *et al.*, (Ed.). **The Booker T. Washington papers.** University of Illinois Press, 1975. v.4, 1895-98.

WEBER, Max. **A ética protestante e o 'espírito' do capitalismo.** Rio de Janeiro: Cia das Letras, 2004.

X, Malcolm; HALEY, Alex. **The autobiography of Malcolm X.** Editora: Random House, 1997.

XAVIER, Francisco Cândido. Emmanuel. **A Caminho da Luz.** 16. ed. Rio de Janeiro: FEB, 1939.

________. André Luiz. **Os mensageiros.** 23. ed. Rio de Janeiro: FEB, 1990.

________. Irmão Jacob. **Voltei.** 16. ed. Rio de Janeiro: FEB, 1994.

Zarur, Alziro. **Poemas da Era Atômica.** 12. ed. Rio de Janeiro: Legião da Boa Vontade, 1979.

Índice de nomes

Índice de matérias

Templo da Boa Vontade

SEDE ESPIRITUAL DA RELIGIÃO DO TERCEIRO MILÊNIO

Aclamado pelo povo uma das Sete Maravilhas de Brasília/DF, Brasil, o Templo da Boa Vontade (TBV), símbolo maior do Ecumenismo Divino, a Pirâmide das Almas Benditas, a Pirâmide dos Espíritos Luminosos, é o monumento mais visitado de Brasília, segundo dados

oficiais da Secretaria de Turismo do Distrito Federal. Desde que foi fundado por Paiva Netto, em 21 de outubro de 1989, já recebeu cerca de 30 milhões de peregrinos. **Na foto**, da esquerda para a direita, o Parlamento Mundial da Fraternidade Ecumênica (o ParlaMundi da LBV), a sede administrativa e o TBV, localizados na Quadra 915 Sul. Outras informações: (61) 3114-1070 / www.tbv.com.br.

Biografia

José de Paiva Netto, escritor, jornalista, radialista, compositor e poeta, nasceu em 2 de março de 1941, no Rio de Janeiro/RJ, Brasil. É diretor-presidente da Legião da Boa Vontade (LBV) e presidente-pregador da Religião de Deus, do Cristo e do Espírito Santo. Membro efetivo da Associação Brasileira de Imprensa (ABI) e da Associação Brasileira de Imprensa Internacional (ABI-Inter), é filiado à Federação Nacional dos Jornalistas (Fenaj), à International Federation of Journalists (IFJ), ao Sindicato dos Jornalistas Profissionais do Estado do Rio de Janeiro, ao Sindicato dos Escritores do Rio de Janeiro, ao Sindicato dos Radialistas do Rio de Janeiro e à União Brasileira de Compositores (UBC). Integra também a Academia de Letras do Brasil Central. É autor de referência internacional na defesa dos direitos humanos e na conceituação da causa da Cidadania e da Espiritualidade Ecumênicas, que, segundo ele, constituem *"o berço dos mais generosos valores que nascem da Alma, a morada das emoções e do raciocínio iluminado pela intuição, a ambiência que abrange tudo o que transcende ao campo comum da matéria e provém da sensibilidade humana sublimada, a exemplo da Verdade, da Justiça, da Misericórdia, da Ética, da Honestidade, da Generosidade, do Amor Fraterno. Em suma, a constante matemática que harmoniza a equação da existência espiritual, moral, mental e humana. Ora, sem esse saber de que existimos em dois planos, portanto não unicamente no físico, fica difícil alcançarmos a Sociedade realmente Solidária Altruística Ecumênica, porque continuaremos a ignorar que o conhecimento da Espiritualidade Superior eleva o caráter das criaturas e, por conseguinte, o direciona à construção da Cidadania Planetária"*.

Entre as inúmeras homenagens recebidas, foi agraciado com a Medalha do 1º Centenário da Academia Brasileira de Letras (ABL); nomeado Comendador da Ordem do Rio Branco, pelo Ministério das Relações Exteriores; e condecorado com o Grau de Comendador, pelo Conselho da Ordem do Mérito Aeronáutico, e com a Medalha do Pacificador, pelo Ministério do Exército Brasileiro.

Filho primogênito de **Idalina Cecília de Paiva** (1913-1994) e **Bruno Simões de Paiva** (1911-2000) — que tiveram como padrinho de casamento **Dorival Caymmi** (1914-2008) — e irmão de **Lícia Margarida de Paiva** (1942-2010). Teve a infância e a juventude marcadas por uma preocupação incomum com temas espirituais, filosóficos, educativos, sociais, políticos, científicos e econômicos, além de um profundo senso de auxílio aos necessitados.

Estudou no tradicional Colégio Pedro II, na capital fluminense, do qual recebeu o título de Aluno Eminente, sendo homenageado com placa de bronze na sede desse conceituado colégio-padrão. Em 1956, ainda adolescente, iniciou sua jornada vitoriosa ao lado do saudoso fundador da Legião da Boa Vontade, o jornalista, radialista, escritor, poeta e filósofo brasileiro **Alziro Zarur** (1914-1979). Paiva Netto foi o principal assessor dele durante quase um quarto de século. Para se dedicar totalmente à LBV, abandonou a vocação para a medicina. Mais tarde, tornou-se secretário-geral (cargo equivalente ao de vice-presidente) da Instituição e, com o falecimento de Zarur, sucedeu-o.

Compositor e produtor musical, foi aluno do professor **Homero Dornelas** (1901-1990), assessor do notável **Villa-Lobos** (1887-1959). Elaborou a "Marcha dos Soldadinhos de Deus", interpretada pela primeira vez em 21 de abril de 1960, por meninos amparados pelo Instituto São Judas Tadeu, no

Rio de Janeiro, onde colaborava como voluntário. A apresentação foi uma homenagem a Brasília/DF, Brasil, que o então presidente da República **Juscelino Kubitschek** (1902-1976) inaugurava naquela data.

À frente da Legião da Boa Vontade desde 1979, multiplicou as ações desta nas áreas da educação e da promoção humana e social, por meio das unidades de atendimento da Instituição, as quais abrangem escolas-modelo de educação básica, abrigos para idosos e centros comunitários de assistência social. Tais espaços fazem parte de projetos ainda maiores, criados por Paiva Netto e a que ele se tem dedicado há bastante tempo: a Educação com Espiritualidade Ecumênica, consubstanciada em uma vanguardeira linha pedagógica, que propõe um modelo novo de aprendizado, o qual alia cérebro e coração. Essa proposta educacional, composta da Pedagogia do Afeto e da Pedagogia do Cidadão Ecumênico, é aplicada com sucesso na rede de ensino da LBV, serviços e programas socioeducacionais desenvolvidos pela Legião da Boa Vontade.

Os ideais da Boa Vontade não têm fronteiras e empolgam diversas regiões do mundo. Desde 1980, por exemplo, as iniciativas solidárias expandem-se para a LBV da Argentina, do Paraguai, do Uruguai, da Bolívia, de Portugal e dos Estados Unidos, sendo estas mantidas por meio de donativos de cada população local.

Por causa da ampla abrangência de seus programas, serviços e de suas ações e da excelência no trabalho realizado, a Legião da Boa Vontade conquistou o reconhecimento da Organização das Nações Unidas (ONU), com a qual tem atuado em parceria há mais de vinte anos. Em 1994, a LBV associou-se ao Departamento de Comunicação Global (DCG) desse organismo internacional e, em 1999, foi a primeira instituição da sociedade civil brasileira a obter o *status* consultivo geral (grau máximo) no Conselho Econômico e Social (Ecosoc/ONU). Em 2000, passou a integrar a Conferência das ONGs com Relações Consultivas para as Nações Unidas (Congo), com sede em Viena, na Áustria, e, em 2004, atuou como instituição cofundadora do Comitê de ONGs sobre Espiritualidade, Valores e Interesses Globais nas Nações Unidas. A LBV tem participado ativamente das principais conferências e reuniões da ONU, contribuindo com importantes recomendações para a implantação de políticas públicas internacionais, além de mobilizar a sociedade civil em torno dos Objetivos de Desenvolvimento Sustentável (ODS). Os referidos documentos e publicações, editados em diversos idiomas, são entregues a chefes de Estado, conselheiros ministeriais, agências internacionais e representantes da sociedade civil. Dentre esses materiais destacam-se as revistas *Sociedade Solidária*, *Paz para o Milênio*, *Globalização do Amor Fraterno*, BOA VONTADE *Desenvolvimento Sustentável*, BOA VONTADE *Mulher* e BOA VONTADE *Educação*.

O diretor-presidente da Legião da Boa Vontade recebeu, em 14 de novembro de 2016, correspondência oficial da equipe do novo secretário-geral da ONU, o dr. **António Guterres**, na qual expressa gratidão ao dirigente da LBV pela carta encaminhada ao diplomata português com cumprimentos em virtude da nomeação deste para ocupar o cargo máximo da ONU. Na missiva, assinada por **Kyung-wha Kang**, assessora especial em Política do gabinete do secretário-geral, consta: *"Prezado diretor-presidente, permita-me agradecer, em nome do secretário-geral designado, António Guterres, as vossas gentis palavras de congratulação. É com grande honra e com um sentido de responsabilidade que ele assumirá suas novas funções. A Legião da Boa Vontade é uma organização da sociedade civil que tem uma parceria de longa data com as Nações Unidas. Sua missão de in-*

centivar a vivência de valores, a fim de criar uma sociedade mais justa e solidária, é mais do que nunca de grande relevância global. Suas iniciativas visam melhorar a situação de pessoas de baixa renda em diversas áreas, tais como educação e desenvolvimento sócio-económico, sendo uma grande contribuição para a consecução dos Objetivos de Desenvolvimento Sustentável e sua meta de erradicar a pobreza até o ano de 2030. Contamos com a Legião da Boa Vontade para trabalhar junto às Nações Unidas na busca de soluções para os desafios globais mais urgentes da atualidade".

Em 21 de outubro de 1989, Paiva Netto fundou, em Brasília/DF, Brasil, o Templo da Boa Vontade (TBV), com a presença de mais de 50 mil pessoas. Conhecido também como o Templo da Paz, é o polo do Ecumenismo Divino, que proclama o contato socioespiritual entre a criatura e o Criador. Aclamado pelo povo uma das Sete Maravilhas de Brasília, o TBV é o monumento mais visitado da capital federal, conforme dados oficiais da Secretaria de Turismo do Distrito Federal, e, desde que foi inaugurado, recebe anualmente mais de um milhão de peregrinos.

Paiva Netto criou, para propagar a Cidadania Espiritual (conceito preconizado por ele), a Super Rede Boa Vontade de Comunicação (rádio, TV, internet e publicações).

No campo editorial, alcançou a expressiva marca de mais de 8 milhões de livros vendidos. Além disso, tem seus artigos publicados em jornais, revistas e portais de internet no Brasil e no exterior, e já escreveu para importantes veículos, a exemplo do *Diário de Notícias*, *Jornal de Coimbra*, *Correio da Manhã*, *Jornal de Notícias*, *O Primeiro de Janeiro*, *Notícias de Gaia*, *Voz do Rio Tinto*, *Jornal da Maia*, *O Público*, *Campeão das Províncias*, *Audiência* e *O Despertar* (Portugal); *Time South*, *Jeune Afrique* e *African News* (África); *Daily Post* (circulação internacional); *Clarín* (Argentina); *Jornada* e *El País* (Bolívia); *El Diário No-*

tícias e *ABC Color* (Paraguai); *El País* (Uruguai); *International Business and Management* (China); e *Deutsche Zeitung* (Alemanha).

Sobre seu estilo literário, o escritor norte-americano **Errol Lincoln Uys** observou: *"Paiva Netto, sendo um homem prático, não deixa de ter alma de poeta"*. Segundo a definição do eminente professor, jurisconsulto e tratadista **José Cretella Junior** (1920-2015), *"é um exímio estilista, sempre em dia com as novas"*. **Valdir Andres**, jornalista, advogado, fundador do periódico *A Tribuna Regional*, de Santo Ângelo/RS, Brasil, assim declarou: *"É uma honra imensa abrigar os conceitos, as opiniões, a pena brilhante do professor Paiva Netto em nosso jornal"*. Na opinião do mestre de professores **Moacir Costa Lopes** (1927-2010), *"é um escritor de muito talento"*.

Endereço para correspondência:
Rua Norma Pieruccini Giannotti, 110
Barra Funda • São Paulo/SP • CEP 01137-010
***E-mail*: PaivaNetto@uol.com.br**

Canais do autor na internet:
www.PaivaNetto.com
Youtube.com: PaivaNettovideos
Facebook: PaivaNetto.escritor
Instagram: PaivaNetto.escritor
#EuleioPaivaNetto

CONHEÇA A RELIGIÃO DE DEUS, DO CRISTO E DO ESPÍRITO SANTO E O O TRABALHO DA LBV

BOA VONTADE TV

Internet: www.boavontade.com/tv

OI TV: Canal 212 • Net Brasil: Canais 196 e 696 • Claro TV: Canais 196 e 696

Geradora Educativa da Fundação José de Paiva Netto

Canal 11.1 - São José dos Campos/SP

Canal 45.1 - São Paulo/SP

Para outras informações, acesse www.boavontade.com/tv

Kit Sat Boa Vontade

Satélite: Star One C3 • Frequência: 3.858 MHz • Symbol Rate: 3.750 Ksps • Polarização Vertical • Modulação: DVB S.2

SUPER REDE BOA VONTADE DE RÁDIO

Internet: www.boavontade.com/radio

OI TV: Canal 989 (Super RBV de Rádio)

Emissoras de rádio:

Rio de Janeiro/RJ: AM 940 kHz • **São Paulo/SP:** AM 1.230 kHz • **Esteio, região de Porto Alegre/RS:** AM 1.300 kHz • **Porto Alegre/RS:** OC 25 m - 11.895 kHz • OC 31 m - 9.550 kHz • OC 49 m - 6.160 kHz • **Brasília/DF:** AM 1.210 kHz • **Santo Antônio do Descoberto/GO:** FM 88,9 MHz • **Salvador/BA:** AM 1.350 kHz • **Manaus/AM:** AM 610 kHz • **Montes Claros/MG:** AM 550 kHz • **Sertãozinho, região de Ribeirão Preto/SP:** AM 550 kHz • **Uberlândia/MG:** AM 1.210 kHz

PORTAIS

www.lbv.org.br

www.boavontade.com

www.ReligiaodeDeus.org

www.Jesusestachegando.com

www.PaivaNetto.com

APP BOA VONTADE PLAY

Baixe na loja de aplicativos do seu celular e acompanhe ao vivo